Blocos Lógicos

Dados Internacionais de Catalogação na Publicação (CIP)
(Câmara Brasileira do Livro, SP, Brasil)

Simons, Ursula Marianne
   Blocos Lógicos : 150 exercícios para
flexibilizar o raciocínio / Ursula Marianne
Simons. 3. ed. – Petrópolis, RJ : Vozes, 2011.

3ª reimpressão, 2020.

ISBN 978-85-326-3447-4
Bibliografia
   1. Jogos lógicos 2. Lógica 3. Lógica simbólica
e matemática 4. Psicologia educacional
5. Pensamento 6. Raciocínio em crianças I. Título.

07-0129   CDD-370.1524

Índices para catálogo sistemático:

1. Blocos Lógicos : Flexibilização do
   raciocínio : Psicopedagogia : Educação
   370.1524

Ursula Marianne Simons

Blocos Lógicos

150 exercícios para flexibilizar o raciocínio

Petrópolis

© 2007, Editora Vozes Ltda.
Rua Frei Luís, 100
25689-900 Petrópolis, RJ
www.vozes.com.br
Brasil

Todos os direitos reservados. Nenhuma parte desta obra poderá ser reproduzida ou transmitida por qualquer forma e/ou quaisquer meios (eletrônico ou mecânico, incluindo fotocópia e gravação) ou arquivada em qualquer sistema ou banco de dados sem permissão escrita da editora.

CONSELHO EDITORIAL

Diretor
Gilberto Gonçalves Garcia

Editores
Aline dos Santos Carneiro
Edrian Josué Pasini
Marilac Loraine Oleniki
Welder Lancieri Marchini

Conselheiros
Francisco Morás
Ludovico Garmus
Teobaldo Heidemann
Volney J. Berkenbrock

Secretário executivo
João Batista Kreuch

Editoração: Sheila Ferreira Neiva
Diagramação: AG.SR Desenv. Gráfico
Capa: Juliana Teresa Hannickel
Revisão de texto: Eliane Mara Alves Chaves

ISBN 978-85-326-3447-4

Editado conforme o novo acordo ortográfico.

Este livro foi composto e impresso pela Editora Vozes Ltda.

*O homem cria não apenas porque
quer ou porque gosta, mas porque
precisa; ele só pode crescer como
ser humano coerentemente,
ordenando, dando formas,
criando...*

F. Ostrower

Agradeço

Às crianças que me deram a alegria de, com elas, poder trabalhar e inspiraram-me no desenvolvimento deste trabalho.

Aos meus alunos que me desafiaram a pensar e estimularam a colocar no papel as atividades desenvolvidas.

Ao meu marido e aos meus filhos, razão de minha vida.

Ao amigo Saulo que, com seu incansável apoio, fez deste sonho uma realidade.

Sumário

Apresentação, 15

Prefácio, 19

Introdução, 23

Parte I

O desenvolvimento do pensamento, 25

Análise histórica do pensamento lógico, 31

O desenvolvimento do raciocínio lógico na criança, segundo Piaget, 37

Os Blocos Lógicos como instrumento para a estimulação do raciocínio lógico, 47

Parte II

Os Blocos Lógicos, 51

Emprego dos Blocos Lógicos nas diferentes fases, 53

Sugestões de atividades, 56

1. Jogo do caracol, 56

2. Jogo de classificação em diferentes espaços, 57

3. Jogo da adivinhação, 59

4. Jogo com dado de cores correspondentes àquelas dos Blocos Lógicos, 60

5. Jogo do rabo da pipa – I, 61

6. Jogo do rabo da pipa – II, 62

7. Jogo de análise da forma, 62

8. Jogo de classificação pelo critério forma, 64

9. Jogo dos conectivos lógicos, 65

10. Jogo de variação com formas, 66

11. Jogo de classificação por tamanho, com uma cor, 66

12. Jogo de classificação por tamanho, com várias cores, 68

13. Jogo de classificação por tamanho, com dado, 69

14. Jogo de classificação por espessura, com uma cor, 69

15. Jogo de classificação por espessura, com várias cores, 70

16. Jogo de classificação por espessura, com dado, 71

17. Jogo de classificação com dois dados, 71

18. Jogo de classificação com três dados, 72

19. Jogo de classificação com quatro dados, 72

20. Jogos com cartões de atributos, 73

21. Jogo com tabela de atributos-análise, 74

22. Jogo com tabela de atributos-síntese, 75

23. Jogo de cópia, 75

24. Jogo de sequência lógica por cor, 76

25. Jogo de sequência lógica por forma, 77

26. Jogo de sequência lógica por tamanho, 78

27. Jogo de sequência lógica por espessura, 78

28. Jogo de sequência lógica com um atributo e quantidades, 78

29. Jogo de sequência lógica por forma e espessura, 79

30. Jogo de sequência lógica por cor e tamanho, 79

31. Jogo de dominó com, pelo menos, uma diferença, 79

32. Jogo de dominó com, pelo menos, duas diferenças, 80

33. Jogo de dominó com, pelo menos, três diferenças, 81

34. Jogo de dominó com, pelo menos, quatro diferenças, 81

35. Jogo de dominó com apenas uma diferença, 82

36. Jogo de dominó com apenas duas diferenças, 83

37. Jogo de dominó com apenas três diferenças, 83

38. Jogo de dominó com apenas quatro diferenças, 83

39. Jogo de dominó com alternância no número de diferenças, 84

40. Jogo de dominó com o número de diferenças determinado pelo dado, 84

41. Jogo de dominó com semelhança, 84

42. Jogo de dominó em duas direções, 84

43. Jogo de bingo com figuras, 85

44. Jogo de bingo com atributos, 86

45. Jogo de elaboração de linguagem com quantificadores, 88

46. Jogo de análise de quantificadores entre equipes, 88

47. Jogo de construção de agrupamento com pistas de quantificadores – I, 89

48. Jogo de construção de agrupamento com pistas de quantificadores – II, 90

49. Jogo de análise de quantificadores, 90

50. Jogo de constatação da inclusão de classes, 91

51. Jogo de análise da inclusão de classes, 92

52. Jogo de análise de atributos em comum – I, 93

53. Jogo de análise de atributos em comum – II, 93

54. Jogo de organização dos blocos, 94

55. Jogo de colocação de peças em matriz, 95

56. Jogo de matriz com cartões de tamanho, 98

57. Jogo de matriz com cartões de espessura, 99
58. Jogo de matriz com cartões de forma na margem horizontal, 100
59. Jogo de matriz com cartões de cor, 101
60. Jogo de matriz de seis por oito quadros,102
61. Jogo de matriz de três por dezesseis quadros, 103
62. Jogo de matriz com dupla entrada, 103
63. Jogo de matriz com dupla entrada e quatro atributos – I, 104
64. Jogo de matriz com dupla entrada e quatro atributos – II, 105
65. Jogo do mico, 105
66. Jogo de matriz determinada pelos encontros (peças colocadas), 106
67. Jogo de matriz indeterminada, 107
68. Jogo de matriz indeterminada com posicionamento aleatório das cartelas de atributos, 107
69. Jogo da corrida de passos, 108
70. Jogo da árvore com classificação por cor e forma, 109
71. Jogo da árvore com classificação por forma e cor, 110
72. Jogo da árvore com classificação por cor, forma e tamanho, 111
73. Jogo da árvore com classificação por forma, cor e tamanho, 112
74. Jogo da árvore com classificação por cor, forma, espessura e tamanho, 113
75. Jogo de esconde-esconde na árvore, 114
76. Jogo da árvore sem cartelas de atributos, 115
77. Jogo pedindo blocos, 115
78. Jogo do detetive, 117

79. Jogo do detetive com negação, 118
80. Jogo de análise negativa ou dos atributos que uma peça não tem, 119
81. Jogo com negação e dado de cores, 119
82. Jogo com negação e dado de formas, 120
83. Jogo com negação e dado de tamanhos, 121
84. Jogo com negação e dado de espessuras, 121
85. Jogo de várias negações com dados, 121
86. Jogo de negação com cartelas, 122
87. Jogo das deduções, 123
88. Jogo do "o que é, o que é", 125
89. Jogo da árvore com negação de espessura, cor, tamanho e forma, 126
90. Jogo da árvore com negação de cor, forma, tamanho e espessura, 127
91. Jogo da árvore com ordens ocultas, 128
92. Jogo de matriz com negação, 128
93. Jogo afirmativo de intersecção (Diagrama de Venn) com dois aros, 130
94. Jogo de intersecção com cartelas ocultas, 134
95. Jogo de análise de disposição de peças, 134
96. Jogo de intersecção com descoberta das cartelas dos atributos, 135
97. Jogo de intersecção com negação, 136
98. Jogo de intersecção com duas negações, 137
99. Jogo de descoberta da intersecção com negação, 138
100. Jogo afirmativo de intersecção (Diagrama de Venn) com três aros, 139
101. Jogo de intersecção com três aros e análise da mútua exclusão, 140

102. Jogo de intersecção com três aros e ordens definidas a partir das peças centrais, 141

103. Jogo de intersecção com três aros e negação, 142

104. Jogo afirmativo de intersecção (Diagrama de Venn) com quatro aros (colocação das figuras), 143

105. Jogo de intersecção com quatro aros e descoberta das cartelas (ordem), 144

106. Jogo de intersecção com quatro aros ocultos, 145

107. Jogo de intersecção com quatro aros e negação, 146

108. Jogo de sentença lógica com três ordens, 147

109. Jogo de sentença lógica com quatro ordens, 147

110. Jogo de sentença lógica com sete ordens, 147

111. Jogo de sentença lógica com oito ordens, 147

112. Jogo de sentença lógica com nove ordens, 148

113. Jogo de sentença lógica com dez ordens, 148

114. Jogo de sentença lógica com quatorze ordens, 148

115. Jogo de construção de sentença lógica a partir da figura, 149

116. Jogo afirmativo de intersecção com ruas, 150

117. Jogo de intersecção com ruas, determinadas pelas peças centrais, 151

118. Jogo de intersecção com ruas e negação, 152

119. Jogo de transformação simples com número restrito de figuras, 153

120. Jogo de transformação simples com qualquer número de peças, 155

121. Jogo da descoberta do critério de transformação, 155

122. Jogo de transformação de dupla via com cor, 156

123. Jogo de transformação de dupla via com espessura, 157

124. Jogo com diferentes transformações de cor, 157

125. Jogo com diferentes transformações de forma, 158

126. Jogo com várias transformações, 159

127. Jogo de transformação em sequência, 159

128. Jogo de transformação, segundo diversas consignas simultâneas, 160

129. Jogo do criptomapa, 161

130. Jogo de descoberta de critérios de transformação, 161

131. Jogo de cópia de figuras, 162

132. Jogo de transformação de figura, seguindo um critério, 163

133. Jogo de transformação de cor com peças grandes e pequenas, 164

134. Jogo de transformação de cor com peças grandes e pequenas, em dupla via, 164

135. Jogo de transformação com diversos critérios e dupla via, 164

136. Jogo de transformação, formando figuras, 165

137. Jogo de transformação de figura para figura, 167

138. Jogo de charada simples, 168

139. Jogo de charada rápida, 168

140. Jogo da batalha, 169

141. Jogo de construção de prédios com atributo cor, 170

142. Jogo de construção de cidades com atributo cor e fichas, 171

143. Jogo de construção de cidades com atributo forma e fichas, 172

144. Jogo de construção de cidades com três aros, 172

145. Jogo de construção de cidades com quatro aros, 173

146. Jogo de construção de cidades com campos delimitados por formas geométricas, 175

147. Jogo de senha, 176

148. Jogo com pistas simples, 180

149. Jogo com pistas e implicação, 182

150. Jogo com pistas e descoberta por exclusão, 183

Conclusão, 185

O *desenvolvimento de sistemas e as noções interiores* (Marcus Hubert), 189

Referências, 205

Obras consultadas, 207

Anexos, 209

Apresentação

Este livro é dirigido a educadores e a pais que desejam desenvolver atividades com crianças e adolescentes, as quais, além de interessantes e lúdicas, permitem desenvolver cada vez mais o raciocínio.

O material Blocos Lógicos é largamente conhecido, principalmente nas classes de Educação Infantil. Entretanto, pouco se sabe a respeito das possibilidades de exploração inerentes ao material.

Os livros existentes no mercado, além de poucos, trazem uma abordagem sobre o assunto de forma bastante árida, dificultando ao professor uma pesquisa mais profunda. Com os Blocos Lógicos, temos o objetivo de possibilitar um trabalho agradável, muito mais amplo, em todas as faixas etárias, oferecendo, a quem os utilizar, condições de desenvolver uma estrutura lógica bastante flexível, o que facilita a articulação de raciocínios e a busca de múltiplas soluções para problemas que possam surgir.

Nos últimos cem anos, o desenvolvimento da tecnologia foi maior do que nos dois mil anos que os antecederam. A cada ano, surgem tantas coisas novas que se torna impossível prever o trajeto que a humanidade vai trilhar, mesmo em curto prazo. Os conteúdos que hoje parecem importantes podem, amanhã, não o ser mais. Então, como preparar os nossos jovens para um futuro sobre o qual não podemos ter certezas? Uma coisa é garantida: se pudermos levá-los a raciocinar, a desenvolver agilidade de pensamento e capacidade de criatividade, estarão aptos a corresponder ao que seja exigido deles.

Para assegurar o sucesso dessa empreitada, todas as possibilidades de ampliar a capacidade de raciocínio deverão ser exploradas.

A criança, a quem for dada a oportunidade de desenvolver sua estrutura lógica, da forma mais ampla possível, terá muito mais facilidade em articular os conteúdos pedagógicos que lhe forem apresentados, passando a ser agente do seu aprender. Propicia-se a oportunidade de sair da simples transmissão de conteúdos para a verdadeira construção desses conteúdos.

Pretendemos instrumentalizar pais e professores interessados na construção do pensamento para, a partir do entendimento dos processos cognitivos, poderem atuar como mediadores, desempenhando o papel de estimuladores, permitindo à criança e ao adolescente a utilização das próprias potencialidades nas diferentes situações de vida. Sabemos que o sujeito traz consigo seus neurônios, mas o desenvolvimento de seu referencial depende, fundamentalmente, do sistema em que está inserido. As oportunidades que um educador pode oferecer constituem o diferencial qualitativo no desenvolvimento do indivíduo.

A educação deve estimular a iniciativa pessoal, preparando seres humanos para que sejam capazes de participar ativamente de uma transformação positiva e integradora da sociedade. A educação não se dá por si só; depende de intervenções intencionais de pessoas sobre outras pessoas. Quanto maior a qualidade dessas intervenções, maior será a autonomia e a criatividade do indivíduo, preparando-o para uma participação ativa na construção do mundo que almeja.

Vemos nos jogos com Blocos Lógicos um instrumento muito rico para aqueles que desejam mediar o desenvolvimento do sujeito e estão em busca de estratégias que lhes permitam seu enriquecimento.

Nosso desejo é que este material possa oferecer, àqueles que pretendem interagir com o outro, um instrumento estimulante e desafiador, que possa desenvolver o prazer de raciocinar e de buscar soluções para problemas apresentados.

Ursula Marianne Simons

Prefácio

Fazendo uso, há mais de dez anos, de atividades com os Blocos Lógicos, através de orientações da mestra Ursula, dedicada e altruísta para partilhar o seu saber com seus alunos, sempre tratados como colegas, incansável na busca do aprimoramento científico e na preocupação com a postura ética, recebi com alegria o seu pedido de experimentar, sistematicamente, em meu consultório, as propostas desenvolvidas neste livro, para analisar sua compreensibilidade e viabilidade de execução.

Realmente, o desejo de ter em mãos um material que permitisse enriquecer a prática era enorme, e sua conclusão era de suma importância para nós, que trabalhamos, enfrentamos e sofremos junto com nossas crianças que apresentam dificuldades em relação a sua estruturação lógica e, consequentemente, em sua aprendizagem.

Há muito tempo, sabemos da fecundidade do uso dos Blocos Lógicos, pois utilizamos o material através das orientações de Ursula, acompanhando seu objetivo não só de elaborar um bom material, mas de testá-lo, comprovar sua eficácia e, principalmente, habilitar profissionais a utilizá-lo da melhor forma (quer seja em seus cursos, quer em horas de supervisão). Entretanto, por mais que tenhamos aprendido e apreendido, nada é comparável à obra pronta e criteriosamente elaborada.

Recebi o rascunho como um tesouro a ser explorado e experimentado na prática do consultório. O assunto não é novo; porém, com certeza, não havia sido explanado com tanta propriedade e compreensão pragmática, adquirindo tamanho grau de acessibilidade. Encontramos nesta obra um livro essencialmente prático, que é do que precisamos para nosso trabalho do dia a dia.

Constatar que muitas das dificuldades de organização do pensamento apresentadas por inúmeras crianças devem-se a uma lacuna na passagem da fase pré-lógica para a fase lógica é uma tarefa relativamente fácil; o difícil é saber como agir para que elas consigam fazer essa passagem. É esse tipo de estratégia, pois, que se tem aqui; uma forma de ajudar as crianças neste difícil caminho.

A parte teórica é leve e rica em termos de informações, deixando claro o processo de desenvolvimento cognitivo pelo qual passam as crianças. A clareza de cada linha leva-nos a visualizar o método que a mestra Ursula legou a todos nós, nesses anos de aprendizado, e que devemos percorrer com cada um de nossos pacientes, em cada etapa de seu desenvolvimento.

Experimentamos, na leitura do livro, a satisfação da prática clínica vivida a partir de elementos básicos, aos quais vamos acrescentando níveis gradativos de dificuldade até que as crianças estejam aptas a utilizar todo o seu potencial.

A satisfação com que devoramos o conteúdo da obra contagia nossas crianças a buscar o conhecimento como alguém que sai em busca de tesouros. Para encontrá-los, porém, precisam desenvolver o gosto por decifrar enigmas, transformando dificuldades em mistérios a serem solucionados, utilizando sempre o lúdico como instrumento. Esta é a estratégia fundamental desta obra e que a torna tão atraente e motivadora.

A prática é essencialmente prazerosa, pois partimos das coisas elementares e acrescentamos níveis de dificuldade pelos quais as crianças precisam passar. Elas adoram este tipo de atividade, pois descobrir enigmas e desvendar mistérios são sua brincadeira predileta. Desta forma, brincando, crescem e desenvolvem-se; nesta interação, neste clima de brincadeira, as crianças aprendem a aprender. Nem sempre é fácil passar uma etapa, ou seja, vencer um exercício, mas o objetivo é persistir, estimular, de forma a levá-las a pensar logicamente, não esquecendo nunca o nível de pensamento em que se encontram.

O material Blocos Lógicos é bastante conhecido e utilizado na maioria das escolas de Educação Infantil; no entanto, pouco explorado, por desconhecimento das inúmeras formas possíveis de uso e pelo fato da exígua literatura existente a respeito. Explorando as atividades contidas neste livro, podemos vivenciar uma forma extremamente rica e ilimitada de uso do material não só para a Educação Infantil, mas com atividades mais complexas, a ponto de ser possível utilizá-las com adolescentes e até com adultos, em trabalhos de dinâmicas de grupo e de treinamento organizacional.

Minha sugestão é que leiam o livro, procurem compreender os exercícios (isto é primordial) e mãos à obra: apliquem-nos. Ao mesmo tempo em que se divertem, podem comprovar os resultados, como eu fiz.

Clotilde Giublin

Introdução

Em nossos vinte anos de trabalho em Clínica Psicopedagógica, tornou-se uma prioridade desenvolver materiais e estratégias que permitissem oferecer às crianças com dificuldades de aprendizagem melhores condições de interação com os conteúdos pedagógicos tanto na linguagem, como no raciocínio lógico matemático.

Nas pesquisas e através de inúmeros diagnósticos realizados, tornou-se clara a dificuldade de estruturação lógica que subjaz muitas das dificuldades apresentadas pelas crianças. É esperado que entre 6-7 anos a criança já tenha um raciocínio lógico estruturado, que lhe possibilite embasar a aprendizagem acadêmica; entretanto, observa-se que aos 10-11 anos esta organização, frequentemente, ainda não ocorreu ou não se completou.

Isto nos levou à busca de materiais que pudessem sanar ou, ao menos, minimizar essas dificuldades. Entre outros materiais, observamos a riqueza dos Blocos Lógicos, propostos por Dienes e Golding (1976) e Kothe (1977), dos quais fizemos vasto uso durante anos, inclusive elaborando novas estratégias de jogo.

Observa-se que muitos educadores de escolas de Educação Infantil fazem uso deste material, mas de uma forma bastante insipiente. Talvez isto aconteça por serem os livros destes autores um tanto complexos para quem não tem um conhecimento mais aprofundado do material.

Muitas escolas passaram, então, a solicitar cursos e reciclagens, abordando o material dos Blocos Lógicos; a partir disto, decorreu o pedido para que fizéssemos um registro mais detalhado das atividades propostas. É o que vem a se concretizar neste momento.

Iniciamos o trabalho com uma visão teórica, mostrando a importância do uso do material dentro da Psicopedagogia. A seguir, abordamos a teoria do desenvolvimento do pensamento lógico, desde os filósofos gregos, procurando resgatar a importância dada à lógica na história da filosofia grega, em relação à retórica e à dialética. Na continuidade, introduzimos as fases do desenvolvimento do raciocínio na criança, mostrando que a filogênese reproduz a ontogênese, isto é, a criança refaz, em sua história particular, a história do desenvolvimento do pensamento no desenvolvimento da humanidade. Analisamos, ainda, o pensamento pré-lógico e as dificuldades que podem vir a ser apresentadas por crianças que, numa idade mais adiantada, mantêm-se nesse raciocínio.

Na segunda parte do livro, apresentamos exercícios práticos a serem desenvolvidos com os Blocos Lógicos, com ilustrações correspondentes, que possam permitir um uso mais vasto do material. São exercícios que vão desde os simples até aqueles de grande complexidade, envolvendo noções de ser e não ser, negação, quadros de dupla entrada etc.

Na conclusão, trazemos os comentários de um especialista em informática, enfatizando a importância de uma sólida estrutura lógica do pensamento como base de sucesso em todas as áreas, em especial como requisito para possibilitar a elaboração de programas de informática, imprescindíveis nos dias de hoje.

Não pretendemos mostrar algo acabado, mas sim estimular a criação de mais atividades que possam levar nossas crianças a pensarem logicamente.

Parte I

O DESENVOLVIMENTO DO PENSAMENTO

Para compreender a forma de aprender de uma criança é preciso conhecer o processo de seu desenvolvimento cognitivo. Uma criança não é um adulto em miniatura. Ela passa por um amadurecimento neurológico paulatino, que lhe permite fazer novas descobertas a cada dia. Esse desenvolvimento será tão mais rico quanto mais estímulos receber. Como nos diz Vygotsky (1987a), a interação com o outro é fundamental para que a criança construa seu raciocínio.

A criança, ao nascer, ainda nada conhece do mundo que a cerca. Ela está totalmente à mercê de alguém que a alimente, aconchegue e faça o elo entre o seu psiquismo e o mundo externo. Se observarmos um bebê recém-nascido, veremos que nada mais faz além de movimentar-se em bloco e chorar. Havendo uma pessoa de relação que o coloque em contato com o mundo, irá fazendo suas descobertas aos poucos.

Até os três meses, aproximadamente, o bebê submete-se aos cuidados que recebe, com pouca interação. A partir dessa fase, surge o primeiro sorriso realmente dirigido à pessoa que dele se ocupa. Spitz (1979) denomina este sorriso de "o primeiro organizador", pois mostra que a criança está fazendo contato e que está começando a fazer descobertas em relação ao seu meio. Até então, seus movimentos são globais e sem sentido determinado. Depois, o bebê começa a dirigir seus movimentos a algo que lhe chama a atenção. Intencionalmente, tenta agarrar um objeto que está ao seu alcance, tira a meia do pé, puxa o cordão de um móbile, por exemplo.

A criança, porém, ainda não tem linguagem à sua disposição; por isso, ainda não pode se comunicar, a não ser através do choro, quando algo não lhe apraz. Assim, examina o mundo à sua volta através dos sentidos.

Este período, que vai desde o nascimento até os dois anos, aproximadamente, Jean Piaget* denomina de sensório-motor. A criança faz uso de seus sentidos e dos movimentos para examinar o mundo ao seu redor. Ela pega tudo, sacode, põe na boca, cheira, aperta, joga. É a sua forma de fazer experiências físicas, já que não pode analisar um objeto, uma bola, por exemplo, como nós faríamos: é redonda, vermelha, lisa, dura, de borracha, pesada, rola etc.

Muitas vezes, não nos damos conta sobre o motivo que leva a criança a experienciar o mundo dessa sua maneira característica; entretanto, se não tivéssemos já adquirido os conhecimentos do mundo físico e a linguagem que temos ao nosso dispor, certamente também seria essa a maneira que teríamos para examinar as coisas à nossa volta.

É comum observarmos crianças pequenas tentando colocar um objeto maior dentro de um menor, sentar numa

---

* Para fundamentação teórica, foram consultadas as seguintes obras de Piaget: *A representação do mundo na criança, Seis estudos de psicologia, A construção da inteligência na criança, O nascimento da inteligência na criança*, bem como *A gênese do número na criança* (PIAGET SZEMINSKA), *A origem da ideia do acaso na criança* e *A psicologia da criança* (PIAGET INHELDER).

minúscula cadeira de boneca ou colocar toda uma jarra de suco dentro de um copo, apesar de já estar transbordando há tempo. Vemos que essas noções não são óbvias e não existem desde sempre na mente da criança. São construções.

Entre os dois e os seis anos de vida, a criança já se locomove. Já tem domínio da linguagem, mas ainda não tem domínio da lógica formal. Não percebe, por exemplo, o raciocínio de identidade, que lhe permitiria observar que as coisas não se alteram quando mudam de posição. Assim, quando transvaza líquido de um copo largo para um estreito, está convicta de que tem mais líquido no segundo copo. Quando brinca de massinha de modelar e parte sua massa em vários pedaços, imagina que passa a ter muito mais massa. Acredita que quando vai a pé para a casa da avó, a distância é muito mais longa do que quando vai de carro, pois de carro chega mais depressa.

Este pensamento pré-lógico, Jean Piaget denominou de pré-operatório, pois as conclusões da criança partem de um saber seu, chamado de egocêntrico, que nada tem a ver com a realidade em si, uma vez que ela ainda não consegue perceber os fatos físicos tais quais eles são.

É normal que o funcionamento mental da criança seja assim nessa idade; entretanto, até os sete anos, seu raciocínio já terá sido desenvolvido a tal ponto que questões pré-lógicas não lhe causem mais dúvidas. Ela deverá ter certeza de que as quantidades não se alteram, apesar da modificação da sua forma. Precisará ter desenvolvido relações de grandeza e de temporalidade. Esta segurança dará a ela razoáveis garantias de sucesso numa aprendizagem formal, como a que lhe será exigida na aprendizagem acadêmica.

Vemos na prática, porém, que a criança pode chegar aos sete anos ainda com um raciocínio totalmente pré-lógico.

Isto se dá em virtude da estimulação insuficiente que recebeu na fase dos dois aos seis anos, em relação à estrutura lógica. As escolas tradicionais tendem a dar maior importância a um currículo de conteúdos a serem vencidos, em detrimento da construção do pensamento lógico. Vários fatores contribuem para isso:

a) Um desconhecimento dos processos de estruturação cognitiva da criança. Muitos responsáveis por escolas não conhecem as fases de construção de pensamento de uma criança e organizam o currículo por aquilo que consideram importante, a partir de seu ponto de vista. Este, porém, é de um adulto, e um adulto não pode, sem um embasamento teórico adequado, compreender como se dá o funcionamento do pensamento infantil. Muitas vezes, temos um currículo totalmente inadequado para a fase em que a criança encontra-se; este é, consequentemente, estéril.

b) A competitividade entre as escolas. No intuito de angariar alunos, é importante para a escola mostrar aos pais que são dados muitos conteúdos; os pais, como leigos, desejando o melhor para seus filhos, concordam que esta é a melhor maneira de ensinar. Entretanto, sem a construção da estrutura lógica, esses conteúdos caem num terreno árido, e a única aprendizagem que se faz é uma aprendizagem mecânica.

c) Os materiais que estruturam o raciocínio são lúdicos, basicamente. A escola, por falta de conhecimentos aprofundados, tem dificuldade em explicar aos pais por que a criança vem à escola "brincar". Na verdade, ela não está brincando por brincar, ela está fazendo uma importante construção, que vai embasar toda a aprendizagem futura. Os pais, se soubessem da real importância dessas atividades, certamente as aprovariam; entretanto, mais uma vez por desconhecimento da escola, esse esclarecimento não é dado a eles. Em decorrência, eles creem que o fundamental é, desde cedo, disciplinar a mente da criança, oferecendo-lhe muitos conteúdos. A criança, todavia, ainda não está pronta para receber esses conteúdos teóricos.

d) Os professores, em cursos de reciclagem, frequentemente, recebem essas informações, mas não conseguem pô-las em prática. A escola cobra que o currículo proposto seja vencido, e os professores alegam que o tempo é pouco para fazer a construção do raciocínio e vencer o currículo. Estes, para manterem o emprego, optam por vencer o currículo.

Questões desse gênero contribuem para a situação vigente: o fato de crianças frequentarem as séries iniciais com grandes falhas lógicas. É possível encontrar crianças numa quinta série do Ensino Fundamental que ainda não conseguem organizar elementos por ordem de tamanho, diferenciar classe de subclasse ou compreender uma intersecção de classes. Essas dificuldades, invisíveis para quem não é capaz de analisar a estrutura lógica, são a causa de grande número de dificuldades de aprendizagem observáveis em nossas escolas.

Para sanar essas dificuldades, é fundamental preparar melhor nossos professores de Educação Infantil, para que tenham noção da importância de estimular a criança para que construa a estrutura lógica. Ela é curiosa, seu cérebro apresenta grande plasticidade, e as atividades apresentadas são desafiadoras, pois levam a criança a encontrar soluções diante de problemas apresentados.

Para poder compreender a grandeza da elaboração que a criança precisará desenvolver, é preciso que tenhamos noção do que é a lógica e de como funciona o raciocínio daquela que ainda não atingiu o pensamento lógico.

29

Análise histórica do pensamento lógico

Segundo Bastos e Keller (2000: 13), "... a lógica é a disciplina que trata das formas de pensamento, da linguagem descritiva do pensamento, das leis da argumentação e do raciocínio correto, dos métodos e dos princípios que regem o pensamento humano. Portanto, não se trata somente de uma arte, mas também de uma ciência". A lógica não é um conteúdo em si, mas dá condições para que o pensamento e o conteúdo das diversas ciências sejam coerentes, consistentes.

Toynbee (1967), grande filósofo da história, alerta-nos: para compreender os fatos da atualidade nada é mais rico que pesquisar a história passada, pois ela sempre nos oferece dados que podem clarificar os acontecimentos atuais.

A lógica começou a ser aventada na história da humanidade a partir do século IV a.C., na cultura grega. O ponto forte dos gregos era a retórica, isto é, os grandes discursos, que tinham um desenvolvimento tal, que passavam a ser considerados como batalhas orais entre opositores. Um oponente afirmava e o outro refutava, havendo um vencedor no final. Acreditavam que um homem deveria ser capaz de um debate com perguntas e respostas e ser capaz de compor discursos e pronunciá-los. Esta arte foi sendo especializada, sobressaindo-se grandes personalidades nos duelos verbais. Nesse afã de vencer o duelo, surgiram os sofistas, que são indivíduos que desenvolveram as argumentações de seus duelos verbais com o único intuito: vencer seu opositor, independente de defender uma verdade.

Aristóteles, citado por Mondolfo (1966: 117), em sua obra *Refutações sofísticas*, diz: "De fato, a sofística é uma sabedoria aparente mas não real; e o sofista é um traficante de sabedoria aparente, mas não real."

Os sofistas partiam de afirmações que tinham como objetivo confundir o opositor, convencendo-o de suas opiniões. Fedro, citado por Mondolfo (1966: 119), diz: "Não lembrarei Tísias e Górgias, que fizeram este descobrimento: que é necessário contar mais com a aparência do que com a verdade; e que, por meio de argumentação, fazem parecer grande o pequeno e pequeno o grande e disfarçam o novo com forma antiga e o antigo com forma nova".

Diz Aristóteles, citado por Mondolfo (1966: 121), remetendo-se aos sofistas: "O princípio [...] expresso por Protágoras, que afirmava ser o homem a medida de todas as cousas [...] outra cousa não é senão que aquilo que parece a cada um também o é certamente. Mas, se isso é verdade, conclui-se que a mesma cousa é e não é ao mesmo tempo e que é boa e má ao mesmo tempo e, assim desta maneira, reúne em si todos os opostos [...]."

Sócrates (470-399 a.C.), filósofo grego, também se dedicava à retórica, mas se opunha veementemente aos sofistas, afirmando que era sua missão levar os jovens a descobrir a verdade que já tinham em si, através da "maiêutica socrática", isto é, através de perguntas sucessivas que levariam o próprio jovem a descobrir a verdade, como uma "parturição das ideias", referindo-se à sua mãe que havia sido parteira.

Afirmava, ainda, que a ciência é sempre e unicamente ciência do universal, permanente; do indivíduo mutável, só se dá opinião. Procurava preparar uma ciência que não fosse mutável de acordo com a opinião que, momentaneamente, fosse mais interessante, como pretendiam os sofistas. Sócrates tinha uma forma muito espontânea de debater com seus discípulos. Não se preocupava com a história, nem em registrar seus diálogos. Simplesmente questionava e estimulava os jovens a pensar. Isto o levou a ser perseguido, pois se alegava que pervertia os jovens, e condenado à morte por envenenamento.

Discípulo de Sócrates, Platão (427-347 a.C.), citado por Mondolfo (1966: 119), registrou, em sua obra, *A República VI*, a grande maioria dos diálogos de Sócrates. Também se opunha aos sofistas: "Estes doutores mercenários que a multidão chama de sofistas e crê que ensinam o oposto do que ensina ela mesma, na realidade não ensinam senão as máximas seguidas por ela nas assembleias". Acreditava nas ideias eternas, verdadeiras, mas das quais só poderemos vislumbrar as sombras, como explica em sua Alegoria da Caverna.

Platão também se dedicava à retórica, aos diálogos, mas estava constantemente em busca da verdade, procurando seguir uma linha que permitisse chegar a uma conclusão que pudesse ser considerada verdadeira. Entretanto, Platão fundiu a filosofia com a poesia, falava através de diálogos, de metáforas. Muitos dos diálogos que construiu são discussões imaginárias com os sofistas, questionando a viabilidade de se defender uma opinião apenas pela opinião, e não pela verdade. Porém, como filósofo e poeta, muitas vezes se perdia nos mitos, deixando a beleza da narrativa velar a face da verdade.

Aristóteles (384-322 a.C.) era discípulo de Platão e deu continuidade à arte da retórica. Platão teve um pensamento bastante místico, e Aristóteles começou por analisar todo esse aspecto de misticismo, mas logo se voltou às ciências, que foram sempre seu ponto forte. Por isso, Aristóteles é chamado o "pai da ciência". Na época, procurava-se compreender o mundo, e muitos filósofos discutiam a questão, escrevendo sobre ela suas opiniões. O espírito grego era indisciplinado, criativo e, de certa forma, caótico. A organização e as fórmulas de Aristóteles forneceram um meio de organizar e corrigir o raciocínio. Por sua própria reflexão, criou uma ciência nova, – a lógica; esta desenvolveu tamanha importância que permeou todo pensamento e toda filosofia medieval, chegando até nós.

Lógica significa a arte de pensar com acerto. Analisando-se a importância da retórica na época, observa-se que a forma de argumentar em benefício próprio, independente da realidade, como faziam os sofistas, a liberdade de pensamento de Sócrates e os argumentos poéticos de Platão não mostram grande organização. Compreende-se que, para o pensamento científico de Aristóteles, tornava-se fundamental construir uma ciência que permitisse pensar com acerto.

Essa lógica aplica-se a todas as ciências, desenvolvendo-lhe leis semelhantes às da física. Para isso, Aristóteles criou o **silogismo**: uma tríade de proposições, das quais a terceira, a conclusão, emana da primeira.

Por exemplo:

1) Todos os homens são racionais.

2) Sócrates é homem.

3) Portanto, Sócrates é racional.

Aristóteles foi brilhante em estudar e registrar todos os detalhes do pensamento lógico. Dessa época para cá, apenas minúcias foram modificadas, e as linhas essenciais ainda perduram nas realizações do pensamento humano.

Podemos citar algumas afirmações colocadas por Aristóteles e que se mantêm até a atualidade:

– a contradição é impossível;

– uma coisa não pode ser e não ser ao mesmo tempo;

– algo não pode ser simultaneamente verdadeiro e falso;

– um corpo não pode estar em dois lugares ao mesmo tempo;

– um maior não pode ser contido por um menor.

Ao iniciar seu livro sobre a lógica, Aristóteles nos diz:

> Nosso tratado se propõe encontrar um método de investigação graças ao qual possamos raciocinar, partindo de opiniões geralmente aceitas, sobre qualquer problema que nos seja proposto, e que sejamos também capazes, quando replicamos a um argumento, de evitar dizer alguma coisa que nos cause embaraços. Em primeiro lugar, pois, devemos explicar o que é o raciocínio e quais são as variedades, a fim de entender o raciocínio dialético: pois tal é o objeto de nossa pesquisa do tratado que temos diante de nós. Ora, o raciocínio é um argumento em que, estabelecidas certas coisas, outras coisas diferentes se deduzem necessariamente das primeiras (ARISTÓTELES, 1973: 11).

Analisando que essas regras de raciocínio eram possíveis, ele as expunha, minuciosamente, com a finalidade de servirem à dialética, que era a arte da competição por excelência da época. Ela compunha-se de:

– Tese, na qual se faz uma afirmação;

– Antítese, ou refutação, em que o opositor expõe seus argumentos;

– Síntese, em que se chega a um consenso, que muda tanto a tese como a antítese.

Isto, entretanto, seria válido quando se debatesse com sábios, que fossem capazes de debater dessa maneira e tivessem esse desejo, pois quando a competição fosse com um sofista, que não respeitasse as regras lógicas por ele registradas, o efeito seria, segundo Aristóteles, o seguinte:

> Antes de tudo, devemos conhecer os vários fins visados por aqueles que argumentam como competidores e rivais encarniçados. Esses fins são em número de cinco: a refutação, o vício de raciocínio, o paradoxo, o solecismo e, em quinto lugar, reduzir o adversário à impotência – isto é, forçá-lo a tartamudear ou repetir-se uma porção de vezes; ou, então, produzir a aparência de uma destas coisas sem a realidade. Eles preferem, se possível, refutar cabalmente o outro; na falta disso, demonstrar que ele cometeu algum erro de silogismo; em terceiro lugar, levá-lo a afirmar um paradoxo; em quarto, reduzi-lo a um solecismo, isto é, fazer com que ele, no curso do argumento, use uma expressão contrária à gramática; então, um último recurso, obrigá-lo a tartamudear (ARISTÓTELES, 1973: 163).

Na verdade, Aristóteles não criou a lógica. Ela é inerente ao raciocínio humano organizado. Ele apenas a descreveu admiravelmente.

Atualmente, é comum ouvirmos a expressão "É lógico". Isso quer dizer que o argumento faz sentido.

A criança, antes dos sete anos, não consegue argumentar logicamente; ela funciona de uma forma ainda idiossincrática, isto é, segue uma lógica totalmente própria, como veremos adiante.

O desenvolvimento do raciocínio lógico na criança, segundo Piaget

Jean Piaget pesquisou profundamente o desenvolvimento do pensamento do ser humano, analisando a passagem do pensamento pré-lógico para o pensamento lógico. Deixa muito claro em toda a sua obra a importância da interação com o outro, da estimulação e o fato de que o pensamento lógico, apesar de ser possível ao indivíduo, nem sempre é alcançado.

Até os dois anos, aproximadamente, a criança funciona num pensamento sensório-motor, analisando o mundo através dos sentidos e da motricidade. Ela faz suas descobertas através da ação. A partir dos oito meses, aproximadamente, inicia-se a conduta imitativa, que vai dar condições à atividade simbólica. Esta produz o pensamento pré-conceitual, isto é, inicialmente constrói conceitos que são apenas seus e partem de sua própria forma de pensar. A função simbólica dá condições ao surgimento da linguagem, que se forma a partir da relação afetiva e social com o outro. Entretanto, os "pré-conceitos" da criança são bastante individualizados em princípio, o que a faz produzir monólogos, porque ainda tem dificuldade em ajustar seus pensamentos aos dos outros. Inicialmente, só consegue pensar a partir de seu próprio ponto de vista; a isto, Piaget chama de "egocentrismo".

A criança distorce a realidade para justificar seu ponto de vista; não distingue o subjetivo do objetivo. Piaget analisa diversos aspectos deste pensamento peculiar.

Transdução – Quando acontece x, então acontece y, apesar de não haver, necessariamente, relação entre os fatos. Por exemplo: "Quando papai compra banana, o cachorro late". É uma ligação que a criança faz, mas que não tem, na verdade, relação causal. Pode ocorrer por:

a) justaposição – é como a criança explica causa e efeito, sem necessária relação:

" – O que faz o motor funcionar?

– A fumaça.

– Que fumaça?

– A fumaça da chaminé" (PIAGET, apud RICHMOND, 1981: 46).

b) sincretismo – é o pensamento que surge através da concentração no todo de uma experiência, sem relacionamento do todo com as partes. Por exemplo: "Eu não consigo chutar a bola porque ela é vermelha".

Como a criança só consegue raciocinar a partir de sua própria realidade, isto é, do mundo que construiu até então, seu pensamento e, consequentemente, sua verbalização vão apresentar certas características típicas dessa etapa.

1) Animismo – É a tendência que a criança tem de dar vida e consciência aos seres inanimados. Se a criança não distingue o mundo físico do mundo psíquico e não percebe os limites entre o seu eu e o mundo exterior, considera como vivos um grande número de corpos que são inertes. A isto se chama de animismo. Por exemplo, uma pedra sabe

que está rolando, um navio sabe que está transportando carga, o sol vê as pessoas com os raios etc. Observamos que, com frequência, a criança considera vivo tudo o que se move: as nuvens, uma bicicleta, um relógio. Quase todas as crianças creem que o sol e a lua seguem-nas.

2) Artificialismo – A criança considera as coisas como o produto da fabricação humana. Por um lado, as coisas são vivas; por outro, são fabricadas. "Na verdade, não existem questões absurdas para as crianças. Imaginar de onde saiu o sol não as embaraça mais que imaginar de onde vêm os rios, as nuvens ou a fumaça" (PIAGET, c1926: 207).

Por exemplo:

– Como o sol começou?

– Com o fogo.

– E ele veio de onde?

– De um fósforo.

– Como o sol ficou grande?

– Porque nós crescemos.

– Quem faz o sol crescer?

– As nuvens.

– E nós?

– Porque a gente come.

– O sol come?

– Não.

– Como as nuvens fazem o sol crescer?

– Porque elas também crescem (PIAGET, c1926: 209).

Diante da necessidade de definir seu pensamento, a criança cria um mito. As coisas são feitas por nós e para nós. O intencionalismo infantil repousa sobre a ideia de que tudo na natureza tem uma razão de ser e uma função a exercer.

3) Finalismo – Na concepção da criança, todas as coisas existem para alguma coisa. Por exemplo:

– O que é uma montanha?

– É para subir.

– O que é um lago?

– É para andar de barco.

– O que é a noite?

– É para dormir.

– O que é a chuva?

– É para molhar.

O animismo, o artificialismo e o finalismo são três artifícios de pensamento complementares e devem-se ao egocentrismo típico dessa fase, que faz com que a criança desenvolva todo o seu raciocínio a partir de suas próprias experiências. Em seus argumentos, a transdução é observável, pois a criança não dispõe de um referencial mais amplo, o que a obriga a usar seu próprio referencial ainda restrito. Esse pensamento não pode ser chamado de ilógico, pois a lógica ainda não se construiu. Piaget chama tal pensamento de pré-lógico.

Até os seis ou sete anos, aproximadamente, a criança funciona nesse pensamento pré-lógico, de forma bastante singular. Em sua pesquisa, Piaget interessa-se pelas operações lógicas em relação às "categorias" principais que a inteligência usa para se adaptar ao mundo: causalidade, substância, classificação, espaço, tempo etc.

Inicialmente, a criança não consegue distinguir o mundo externo do seu eu. A lógica desenvolve-se em função da socialização do pensamento. Enquanto a criança pensa que todos pensam como ela, não procura argumentar, nem verificar suas afirmações. Seu egocentrismo não permite que ela chegue a uma objetividade. Muitas vezes, isto a faz reagir com raiva quando os adultos não a compreendem.

Observa-se que a criança, em torno dos cinco anos, imagina que a palavra é parte integrante do objeto, isto é, faz parte da essência da coisa. É o que chamamos de realismo nominal.

Ela apresenta, também, o pensamento mágico, que a leva a imaginar que pode dominar seus desejos através do pensamento. Por exemplo, indo à casa da prima, terá de pisar só nas pedras pretas da calçada para garantir que a prima esteja em casa. A crença é um produto do desejo. Essa característica pode ser observada no sujeito obsessivo, que acredita que é suficiente pensar em alguma coisa para que isto se produza, ou que precisa de isolantes para evitar que aconteça. A criança, voltada para si, pensa que sua vontade, seu desejo são muito fortes, sendo causadores dos fenômenos. A criança pode, ainda, pensar o contrário do que deseja e supor que a sorte leia seus pensamentos para fazer fracassar seus desejos. Assim, ela pode ficar com raiva da mãe e desejar que esta morra; depois, passar a apresentar grande medo de que isto ocorra, pois imagina poder provocar o fato através do pensamento.

É comum, nessa fase, a criança confundir a realidade com a fantasia, o que provoca muitos medos, levando-a ao desenvolvimento de rituais que a protejam de seus medos. Por exemplo, enfiar todas as pontas do lençol por baixo do colchão para evitar que o monstro entre ou precisar encontrar uma pedrinha para levar à escola para evitar que a professora queira ver sua lição. O realismo implica uma indiferenciação das relações lógicas e das relações causais.

Observa-se, ainda, alto grau de frustração quando a criança elabora projetos que não consegue levar a cabo, de acordo com a qualidade imaginada. O pensamento mágico cria a ilusão de que é só desejar, e seu projeto realiza-se.

A distinção entre o pensamento e o mundo exterior não é inata na criança, mas lentamente construída. Inicialmente, todo o universo é passível de estar em comunicação com o eu e obedecer a ele, já que o ponto de vista próprio é o único a existir. A criança acredita que todos pensam como ela. Daí vem a ausência de relatividade, a falta de necessidade de provar, pois não precisa convencer. O egocentrismo na linguagem infantil implica a ausência da necessidade, por parte da criança, de explicar aquilo que diz por ter certeza de estar sendo entendida.

Esta é a razão dos muitos "porquês" das crianças nessa época; frequentemente, estes são difíceis de responder, pois nem sequer admitem uma resposta lógica. Por exemplo, a criança pergunta: "Por que há um só rio em nossa cidade?" A tendência da mãe é responder "Porque sim", ou entrar numa longa explicação de onde se originam os rios, por onde se espalham e por que nenhum outro rio veio dar nessa região. Neste caso, antes do final, a criança já se teria dispersado e não compreenderia a resposta, pois excede seu egocentrismo. Fazendo-se a mesma pergunta a outra criança, ela responderia: "Porque cada cidade deve ter seu rio". Simplesmente um raciocínio particular que a deixa satisfeita. A forma como a criança coloca suas perguntas mostra seu pensamento, que vai do particular ao particular, isto é, uma transdução.

Afirma Jean Piaget:

> [Toda essa forma de raciocínio deve-se a] uma assimilação deformada da realidade à própria atividade. Os movimentos são dirigidos para um fim, porque os próprios movimentos são orientados assim; a força é ativa e substancial, porque tal é a força muscular; a realidade é animada e viva; as leis naturais têm obediência; em suma, tudo é modelado sobre o esquema do próprio eu (PIAGET, 1971: 33).

Segundo Piaget, são esses raciocínios que não permitem à criança perceber o todo. Ela ainda não tem um referencial amplo como o adulto e ainda está descobrindo o mundo; por isso, a única forma que a criança tem de pensar sobre as coisas que a rodeiam é a partir de suas próprias experiências, daquilo que ela descobriu.

Por exemplo, dispondo-se casinhas de cachorro e cachorros, a criança é capaz de verificar que há um cachorro para cada casa.

Entretanto, se os cachorros são aproximados, ela não é capaz de perceber que há o mesmo tanto de casas e de cachorros.

Ela só consegue perceber um aspecto do arranjo. É a incapacidade de descentrar o pensamento. Apenas é capaz de julgar o que vê; não faz a compensação mentalmente. Não percebe que o segundo arranjo é o anterior transformado e que não há transformação das partes do arranjo.

Da mesma forma, se apresentamos à criança dois ursinhos e seis bolas e perguntamos a ela:

– Bolas são brinquedos?

– Sim.

– Ursinhos são brinquedos?

– Sim.

– Então, bolas e ursinhos são brinquedos?

– Sim.

– Então, há aqui mais bolas ou mais brinquedos?

– Mais bolas.

– E os ursos, são brinquedos?

– Sim.

– Então, há mais bolas ou mais brinquedos?

– Mais bolas.

Isto nos mostra que a criança não consegue analisar o todo e dele retirar as partes. Reconhece a classe brinquedos, mas não consegue compará-la com a subclasse bolas.

Outro exemplo desse pensamento pré-lógico:

Se dermos a uma criança uma nota de cinco reais e a outra cinco notas de um real, não conseguiremos convencê-las de que ambas têm o mesmo valor; visualmente, a criança constatará mais notas e não conseguirá fazer a transposição de que cinco notas de menor valor valem o mesmo que uma nota de maior valor.

Piaget sugere, ainda, que solicitemos à criança que classifique vários materiais: formas geométricas de duas cores, duas formas e dois tamanhos. Geralmente, ela consegue fazer uma classificação, por exemplo, por cor, mas não consegue abrir mão desse critério para perceber os outros.

O que falta a esse pensamento intuitivo para transformar-se num sistema lógico? Levar o sujeito a agir nos dois sentidos, fazendo e desfazendo, tornando as análises móveis e reversíveis. A característica do pensamento pré-lógico é ser pouco móvel e irreversível.

A partir dos sete anos, aproximadamente, a criança começa a libertar-se de seu egocentrismo social e intelectual, possibilitando a construção lógica.

Aos poucos, ela começa a ver sua relação com os outros recíproca, e não mais unidirecional. Descobre que seus pensamentos não são, necessariamente, iguais aos dos outros. Piaget enfatiza a importância do confronto de pensamentos e opiniões entre pessoas, que possibilita a descentralização do próprio pensamento, a quebra da onipotência em supor que todos pensam de maneira idêntica, permitindo a coordenação interna de diferentes pontos de vista.

Ele foi um pesquisador, e seu interesse não estava na criança em si, mas numa epistemologia, isto é, numa teoria do conhecimento. Deu-nos, entretanto, subsídios importantes para que possamos compreender a criança e pesquisar como podemos auxiliá-la a se desenvolver da melhor maneira possível.

Os Blocos Lógicos como instrumento para a estimulação do raciocínio lógico

Observamos que, a partir do período sensório-motor, a criança tem um longo caminho a percorrer para construir seu raciocínio, passando pelo raciocínio pré-lógico até atingir o raciocínio lógico. Uma criança que tenha sido adequadamente estimulada faz essa construção até os seis ou sete anos. Para que possa desenvolver uma aprendizagem acadêmica flexível e tornar-se criativa, é necessário que tenha atingido plenamente o raciocínio lógico. Entretanto, é com grande frequência que observamos crianças com idade de oito, nove ou dez anos ainda com dificuldades de conservação de quantidades físicas, de classificação ou de inclusão de classes. Isto se dá pela ênfase que muitas escolas dão aos conteúdos acadêmicos, em detrimento do trabalho com a estrutura lógica. Vemos muitas escolas vangloriarem-se de que os alunos já sabem ler; entretanto, não conseguem classificar nem seriar. Isto vem trazer sérias dificuldades de aprendizagem no decorrer da escolaridade.

O conhecimento lógico-matemático é construído através da ação, a partir de relações que a própria criança cria entre os objetos; a partir dessas relações, vai criando outras e, assim, sucessivamente. Essas relações são incorporadas de tal forma que não são mais esquecidas, pois fazem parte da estrutura do sujeito. Cada experiência que temos é introduzida na mente e ajustada às experiências que lá já existem. O intelecto vai recebendo experiências e transformando-as para que se adaptem. Esse processo, porém, só acontece a partir de experiências existentes. O crescimento do intelecto é um processo cumulativo, e cada nova experiência funde-se com a que já existe.

O principal objetivo da educação deve ser: formar pessoas criativas, seguras, capazes de fazer coisas novas, e não apenas criar enciclopédias ambulantes. Importante é saber procurar informações numa enciclopédia, e não incorporá-la.

Vemos, pois, que o fundamental é permitir oportunidades à criança para desenvolver a estrutura lógica, como Aristóteles já propunha. A criança precisa descobrir que ser e não ser é impossível, que objetos animados diferem de inanimados, que não é ela o centro do universo e que não é o seu raciocínio o único existente. A lógica é tão fundamental que consta do currículo escolar em muitos cursos superiores.

Bastos e Keller, em seu livro *Aprendendo a lógica*, voltado ao ensino universitário, afirmam:

> [...] a lógica matemática nasce da tentativa de elaborar uma linguagem "científica" universal, que elimine os erros ou falácias que podem ocorrer a partir da linguagem natural na construção do discurso científico. Como qualquer área do conhecimento, a lógica matemática também se assenta em princípios, a partir dos quais se estrutura, vertendo estes princípios à simbólica matemática.
>
> Tais princípios são os clássicos: princípio de não contradição – o que é, enquanto é, não pode não ser – que, na sua aplicação à lógica matemática, recebe a seguinte formulação: uma proposição não pode ser

verdadeira e falsa ao mesmo tempo; princípio do terceiro termo excluído – entre ser e não ser não há meio-termo – que, na sua aplicação, desdobra-se da seguinte maneira: toda proposição ou é verdadeira ou é falsa, isto é, verifica-se sempre um destes casos, e nunca um terceiro. Em função destes princípios, pode-se constatar que tal lógica é essencialmente binária, o que quer dizer que uma proposição terá apenas um dos dois valores possíveis: será verdadeira ou falsa (BASTOS KELLER, 2000: 89-90).

Imbuídos desses conhecimentos, Zoltan Dienes e Edward Golding lançaram seu livro *Lógica e jogos lógicos*, no qual pretendiam oferecer às crianças atividades que propiciassem, através de atividades lúdicas, a construção da estrutura lógica. Dienes e Golding (1976) propuseram atividades físicas que deveriam ser desenvolvidas pelas crianças. Posteriormente, Kothe (1977) desenvolveu estas atividades, lançando um novo livro: *Pensar é divertido*. Também propôs que as atividades fossem realizadas através de jogos que fossem manipulados pelas crianças. Entretanto, na época, desenvolveu-se no currículo da Matemática a *Teoria dos conjuntos*, e as atividades, propostas pelos autores para serem desenvolvidas no concreto, acabaram sendo transportadas para os livros didáticos sem as atividades concretas correspondentes. Como resultado, os conteúdos passaram a ser apresentados de forma abstrata e tornaram-se incompreensíveis para as crianças. Em função disso, foram criticados duramente e caíram em desuso. Os livros desses autores, de grande valor, foram reduzidos ao uso de professores nas escolas de Educação Infantil, cuja maioria, entretanto, encontrou dificuldade para interpretar as atividades.

Na nossa prática psicopedagógica, temos feito largo uso deste material, com muito bons resultados. Com frequência, as escolas passaram a solicitar que elaborássemos um livro em que as atividades estivessem mais desenvolvidas e mais explicadas, possibilitando o uso mais amplo do material.

Apresentamos, pois, este livro, com exercícios desenvolvidos por Dienes e Golding e Kothe e reformulados por nós, além de outros provenientes de nossa prática, mostrados de forma clara e explicativa.

Esperamos, desta forma, contribuir com o trabalho em relação à construção da estrutura lógica na Educação Infantil e em relação ao processo corretor na Psicopedagogia, com crianças maiores, que apresentam falhas em sua estruturação lógica.

Evidentemente, não será apenas o material dos Blocos Lógicos que dará conta dessa missão; com certeza, porém, será um importante elemento na construção do raciocínio infantil.

Parte II

OS BLOCOS LÓGICOS

São compostos de 48 blocos, com quatro variáveis: cor, forma, tamanho e espessura. Existem três cores: vermelho, azul e amarelo; quatro formas: quadrado, retângulo, círculo e triângulo; dois tamanhos: grande e pequeno; duas espessuras: grosso e fino.

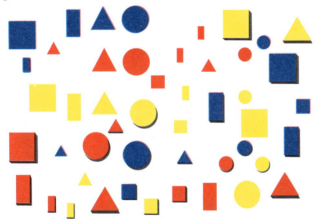

O tamanho das figuras não é fundamental, desde que seja mantida a proporção: o retângulo é metade do quadrado; o triângulo tem os três lados iguais, cada um correspondendo ao lado do quadrado; o quadrado pequeno corresponde a um quarto do grande; as peças grossas devem ter o dobro da espessura das finas. Atualmente, são encontrados no mercado materiais de vários tamanhos, de madeira ou de material emborrachado.

Emprego dos Blocos Lógicos nas diferentes fases

Jean Piaget, ao analisar o desenvolvimento cognitivo das crianças, constatou que, até os seis anos de idade, elas passam por três fases claramente reconhecíveis:

1) Do nascimento até, aproximadamente, dois anos de idade, localiza-se o período denominado sensório-motor, pelo fato de a criança examinar o mundo externo através dos sentidos e dos movimentos. Ela ainda não domina a linguagem, para analisar, por exemplo, que uma bola é redonda, dura, vermelha, de borracha, leve etc. Portanto, ela toca o objeto, põe na boca, cheira, joga, fazendo o reconhecimento. Nessa fase, é muito importante a estimulação, através de uma relação afetiva, a verbalização constante e muito material concreto, para que a criança tenha as melhores condições possíveis de analisar o mundo que a rodeia e construir seus primeiros conceitos. Entretanto, o uso dos Blocos Lógicos é precoce, pois a criança ainda tem poucos esquemas para analisá-los e nada mais faria com eles que colocá-los na boca e jogá-los ao chão; para isto, existem materiais mais adequados.

2) Dos dois aos quatro anos, a criança encontra-se num período pré-lógico, mas ainda global. Isto significa que ela usa os objetos concretos a sua maneira, com poucos critérios.

Por exemplo, ela apresenta dificuldade de perceber que algo maior não cabe dentro de algo menor, não compreende critérios de classificação e apresenta dificuldade de colocar objetos numa ordem de tamanho, peso, largura etc. Diante de um conjunto de animais, como cachorros, gatos e coelhos, ela pode, por exemplo, juntar o cachorro e o gato e dizer que ficarão juntos porque são amiguinhos, e dizer que o coelho não pode ficar com os outros coelhos porque brigou com todos eles. Nessa fase, a criança poderá fazer uso dos Blocos Lógicos para brincar livremente e para trabalhar a noção de cores, mas serão poucas as atividades estruturadas que poderá desenvolver com eles.

3) Entre os quatro e os seis anos, a criança, apesar de ainda estar num período pré-lógico, já está numa fase denominada "articulada", pois já é capaz de fazer uso de alguns critérios. Consegue, por exemplo, construir uma torre com elementos ordenados por tamanho, separar objetos segundo vários critérios, fazer contagens etc. Entretanto, apresenta um pensamento idiossincrático, egocêntrico, que a leva a julgar a realidade a partir de seu próprio ponto de vista. Por exemplo, vendo várias pedras, analisa que existe a pedra-pai, a pedra-mãe e a pedra-filhinho. Quando bate na mesa, briga com a mesa como se tivesse sido agredida por ela. Adolescentes costumam provocar os pequenos, pedindo-lhes para olhar se estão lá fora, e os pequenos vão, para constatar que não há ninguém. Observamos que, apesar do grande desenvolvimento que a criança já apresentou, seu raciocínio ainda mantém características muito próprias desta idade.

A Matemática, entretanto, como todo o ensino formal, exige uma lógica já bem estabelecida. A criança que não desenvolveu esta lógica apresentará uma aprendizagem rígida. Por exemplo, ao somar 5 + 3, terá que contar cinco dedos, mais três dedos e depois contar todos os dedos novamente. Isto porque não construiu a noção de que cinco são sempre cinco e três são sempre três. Não se trata apenas de uma questão matemática, e sim de uma questão lógica.

Para desenvolver esta flexibilidade de raciocínio, os Blocos Lógicos constituem-se num recurso muito rico. Partindo desta análise, podemos concluir que a idade ideal para introduzi-los é a partir dos quatro anos. Queremos ressaltar, entretanto, que estas idades não devem ser tomadas rigidamente, mas apenas como um referencial.

Inicialmente, o jogo de blocos deve ser apenas apresentado às crianças, sem que se dê qualquer orientação. Elas precisam explorar livremente, brincar e, só então, terão capacidade de escutar uma consigna e seguir a ordem proposta do jogo. A tendência será que as crianças formem figuras, como casas, carros, animais, que construam torres e tentem fazer pequenas organizações. Dienes e Golding (1976) chamam esses jogos de "conceituais", pois permitem ao professor trabalhar, juntamente com as crianças, as cores, as formas, a constatação de que existem peças grandes e pequenas, que algumas são grossas e outras finas etc., explorando os atributos das peças.

Depois que a criança tiver esgotado as descobertas em relação ao material, podemos lhe propor jogos estruturados.

Sugestões de atividades

1. Jogo do caracol

É um jogo muito antigo, que permite às crianças trabalharem com o corpo, enquanto analisam os atributos das peças. Desenha-se sobre o chão uma "amarelinha", em forma de caracol.

Em cada casa é colocada uma peça dos Blocos Lógicos. A primeira criança joga uma pedrinha na primeira casa e pula sobre ela, se possível num pé só; se isso ainda for difícil em função da idade, pode pular com os dois pés. Tem que dizer um atributo da peça que ali está, por exemplo: "amarelo", pula para a segunda casa e diz: "retângulo", e assim por diante, até que erre um atributo, quando perde a vez. Se conseguir chegar ao final do caracol sem erro, pode retornar ao início e jogar sua pedra na segunda casinha, retornando à atividade. Se a pedra não cair na casinha desejada ou se a criança errar o atributo, passa a vez para a próxima. Não importa qual dos atributos da peça ela diga, desde que esteja certo. Posteriormente, podemos complicar o jogo, solicitando que diga mais de uma característica da peça que está em cada casa.

2. Jogo de classificação em diferentes espaços

Vamos explorar o material com as crianças, dando início às atividades de classificação. Analisamos as cores. Podemos desenhar círculos com giz, criar casinhas, barquinhos ou outros espaços para que as crianças coloquem no interior as peças selecionadas.

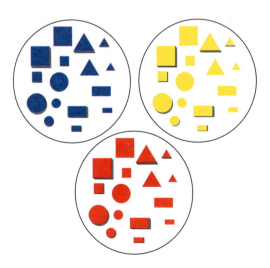

A cor é de grande importância para as crianças. É o primeiro critério que normalmente ela percebe. Assim, é adequado iniciar a classificação por esse critério.

Para diversificar a atividade, quando constatamos que a criança precisa repetir a ação diversas vezes a fim de sedimentar o raciocínio, podemos fazer desenhos de casinhas, barcos ou outros quaisquer em lugar dos círculos.

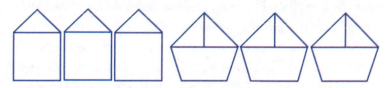

Esta primeira atividade de classificação é importante, pois exige um raciocínio mais elaborado que a separação, a qual só permite juntar peças absolutamente iguais. Separar significa juntar um quadrado grande vermelho grosso com outro quadrado grande vermelho grosso. Isto, entretanto, é impossível, pois só há uma peça de cada tipo no jogo, e a criança tem de juntar várias peças em si diferentes, mas que tenham algo em comum, neste caso, a cor.

Como o desenvolvimento da criança ainda segue um raciocínio pré-lógico, isto pode ser difícil para ela. Essas atividades são fundamentais, desde a idade de quatro anos, aproximadamente, para permitir uma descentração do pensamento, levando a criança a sair do pensamento egocêntrico.

Para enriquecer as atividades, é fundamental a verbalização, pois não basta que a criança brinque intuitivamente; é necessário que também pense sobre o seu brincar e discuta as suas conclusões. É através da linguagem que a criança tem condições de elaborar o pensamento.

O adulto deve interagir questionando, nunca determinando o que a criança deve fazer. Seu papel é de mediador, para possibilitar à criança a transformação do seu agir em palavras. É desta atividade paralela entre a ação e a verbalização que se constrói a capacidade de argumentação.

3. Jogo da adivinhação

Podemos dividir as crianças em vários grupos e colocar os blocos numa caixa no centro da sala; esta deverá ser fechada com uma tampa onde haja um buraco, pelo qual passe apenas a mão da criança.

Uma criança de cada grupo vai à caixa, na sua vez, coloca a mão, adivinha a cor da peça que vai retirar e retira uma peça. Se acertar, leva a peça para seu grupo, marcando ponto. Se errar, recoloca a figura na caixa. Quem marcar mais pontos ganha a partida. É possível que as crianças ainda não saibam contar as peças. Nesse caso, podemos colocar para cada três peças uma ficha de uma cor, por exemplo, verde. Para três fichas verdes, colocamos uma vermelha, e assim

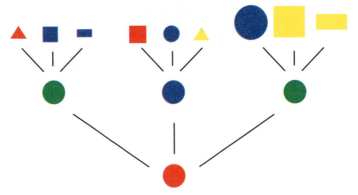

por diante, até terminarem as figuras. Dessa forma, estamos trabalhando a contagem até três e as trocas sistemáticas, preparando o raciocínio para o sistema decimal.

Observamos que a criança pode afirmar que vai pegar da caixa uma peça verde ou marrom. Sabemos que apenas três cores foram colocadas; porém, para a criança, tudo é possível quando ela não está vendo. Ao tirar a peça, percebe que a cor não é essa. Isto deve ser discutido com o grupo. "Pode haver uma peça verde na caixa?" "Não"! "Por que não?" É muito importante enfatizar o respeito pela hipótese do colega e a importância de discutir as possibilidades. Uma vez que a criança possa formalizar suas descobertas, isto modifica sua forma de pensar. Lembre-se que, para o pensamento lógico, só pode estar lá dentro o que foi colocado. Para o pré-lógico, peças de qualquer cor podem estar lá.

4. Jogo com dado de cores correspondentes àquelas dos Blocos Lógicos

Preparamos um dado com manchas das três cores em suas faces (Anexo 1). Cada cor aparece duas vezes:

Com as formas todas juntas, jogamos o dado, e as crianças separam as peças, de acordo com a mancha que ficou na face superior do dado.

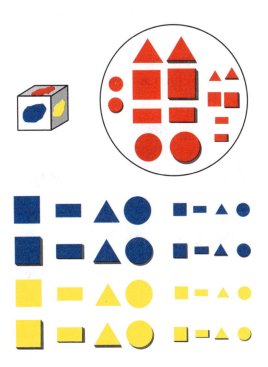

Devemos questionar:

– Que cor vocês vão separar?

– Que cores sobraram? – (o professor deverá sempre ter em mente que aquilo que sobrou é o conjunto complementar; porém, só aos poucos introduzir esse termo, a fim de que se torne um termo usual para as crianças).

5. Jogo do rabo da pipa – I

Trabalhamos a motivação das crianças, perguntando se elas sabem o que é uma pipa, que ela precisa ter um rabo comprido e colorido para deixá-la ainda mais bonita; se já viram uma voando etc. Com os blocos, podemos construir rabos de pipa muito bonitos. Cada criança joga o dado com as manchas de cor e coloca uma peça segundo a cor que aparece na face superior do dado, sempre verbalizando a cor que está colocando. Isto vai formar uma sequência longa no chão da sala, com voltas, como as crianças desejarem.

6. Jogo do rabo da pipa – II

O jogo anterior pode ser enriquecido se jogarmos com dois dados: o mesmo, com as cores, e um segundo dado com um, dois ou três pontos nas faces, repetindo-se cada quantidade em duas faces (Anexo 2). Se o dado das quantidades cair com dois pontos na face superior, e o dado das cores com o azul na face superior, a criança coloca duas peças azuis e passa a vez para o próximo, que joga também os dois dados. Cada vez, a criança deve verbalizar a quantidade e a cor; por exemplo: "Vou colocar duas peças azuis". Isto resulta num rabo de pipa interessante, com repetições de cores.

7. Jogo de análise da forma

Uma vez que as crianças estejam seguras quanto às cores, podemos começar a analisar as formas. Selecionando uma cor, vamos analisar as figuras.

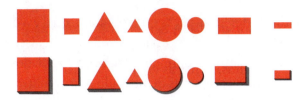

Podemos dizer: "Existem as que rolam e as que não rolam. As que rolam, nós chamamos de círculos. Separaremos todos os círculos".

Em seguida, perguntamos: "Olhando agora as outras, no que elas são diferentes dos círculos?"

Fazemos as crianças manipularem as peças em relação a sua forma. Se elas observarem tamanho ou espessura, concordamos com elas quanto a essa diferença, mas voltamos o vetor de análise para a forma. É importante que as próprias crianças possam fazer a descoberta: "Algumas peças têm três 'pontas', e outras têm quatro". Solicitamos, então, que separem todas as que têm três pontas.

E ainda: "Essas pontas formam ângulos. Por isso, nós chamamos estas formas de triângulos, isto é, três ângulos". (É importante que usemos os nomes corretos das figuras, para que as crianças possam se acostumar. Elas, entretanto, podem não usar esses nomes no início; o que deve ser aceito até que a nomenclatura possa ser incorporada ao seu vocabulário.)

Continuando: "E as peças que sobraram, qual é a diferença entre a forma delas?" As crianças voltam a analisar as formas até que possam descobrir que algumas têm os lados iguais, e outras são mais compridas de um lado que do outro. Apresentamos os nomes das formas: "As que têm os lados iguais são chamadas de quadrado, e as que têm dois lados mais compridos que os outros são chamadas de retângulo."

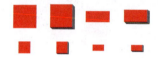

8. Jogo de classificação pelo critério forma

Juntamos os blocos de todas as cores e traçamos no chão, com giz, quatro espaços fechados. Sobre cada espaço será colocado um cartão com um símbolo gráfico da forma, sem cor. As crianças separam as formas correspondentes aos respectivos cartões e colocam-nas nos espaços delimitados. É possível que esta atividade ainda cause dificuldades a certas crianças, já que o critério que elas dominam é o da cor. É preciso mostrar-lhes que, mesmo sendo de cores diferentes, as peças são parecidas na forma. Percebem que os agrupamentos não ficam mais com as mesmas cores, que há peças das três cores em cada agrupamento.

Caso a criança não consiga ainda realizar este tipo de classificação, devemos oferecer-lhe outro material concreto, tridimensional, o qual possa organizar segundo diferentes critérios. Toda vez que a criança apresente dificuldade em relação a determinado tipo de raciocínio, isto significa que ainda não é capaz de coordenar os dados apresentados, em função de seu pensamento egocêntrico. Apenas diferentes atividades lúdicas permitirão que saia dessa posição, podendo interagir de forma mais flexível.

Quando a criança conseguir perceber as formas, independente da cor, ela conseguirá classificar as peças nos respectivos espaços.

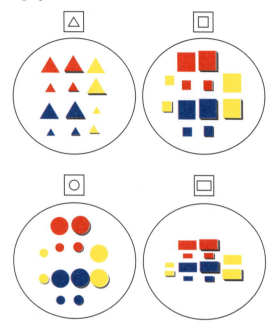

Isto deve ser discutido. Na verbalização, é importante que se observem os conectivos lógicos **e** e **ou**. Um bloco pode ser triângulo **e** quadrado? Não. Ele é um triângulo **ou** um quadrado. Ele pode ser um triângulo **e** vermelho? Pode. Por quê? Novamente isto deve ser discutido. Daí é que vão sendo construídos os conceitos lógicos.

9. Jogo dos conectivos lógicos

Para explorar ainda mais os conectivos lógicos, escondemos os blocos atrás de um anteparo, pegamos um bloco de cada vez, mas sem mostrá-los. Então, questionamos: "Posso pegar um bloco vermelho **e** azul? Não. Por quê? Ele pode ser vermelho **ou** amarelo? Sim. Por quê? O bloco pode ser vermelho **e** triângulo?" E vamos mostrando os blocos, para comprovar. Dessa forma, estimulamos a criança a compreender e utilizar a linguagem lógica. Aos poucos, ela será capaz de perceber dois critérios simultaneamente e descobrir que existem atributos mutuamente excludentes.

10. Jogo de variação com formas

Os jogos 3, 5 e 6 também podem ser jogados referentes às formas em vez de cores.

11. Jogo de classificação por tamanho, com uma cor

Selecionando um conjunto de cores, vamos chamar a atenção sobre os tamanhos das peças. "Todas têm o mesmo tamanho?" Solicitamos às crianças que selecionem as peças, de acordo com os tamanhos. Elas separam as formas grandes e as pequenas.

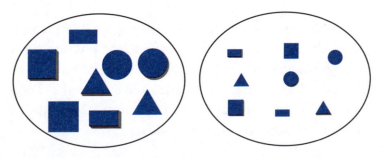

Apresentamos, então, dois cartões: ⟦ ⟧ e ⟦ ⟧ . Esses sinais não são universais, por isso precisam ser trabalhados com as crianças.

Pedimos às crianças que levantem bem os braços e observem como parecem grandes. Este sinal $\boxed{\text{I}}$, que tem um formato parecido com este movimento, vai significar "grande". Em seguida, pedimos que abaixem os braços ao longo do corpo e observem como agora parecem pequenos. Assim, esse sinal $\boxed{\text{I}}$ vai representar "pequeno". Para fixar esses sinais gráficos podemos fazer brincadeiras, como segurar cada cartão numa mão e colocar as mãos escondidas nas costas. Alternadamente, mostramos um cartão, e as crianças terão que levantar ou abaixar os braços de acordo com a indicação do cartão e dizer: "grande" ou "pequeno", conforme a situação. O papel do apresentador pode ser feito por uma criança.

As outras deverão controlar se todos estão fazendo os movimentos corretos. Quanto mais as crianças controlarem a si mesmas, mais rica será a atividade.

É interessante colocar figuras grandes e pequenas no imantógrafo e dar às crianças cartões de grande e pequeno e pedir-lhes que coloquem um sinal correspondente ao lado de cada figura, conforme o tamanho. Quando apresentarem bom domínio da atividade, podemos colocar os diversos Blocos Lógicos no imantógrafo e solicitar que novamente coloquem os cartões de grande e pequeno ao lado das figuras. Dar às crianças condições de análise significa criar referenciais. Isto lhes possibilitará, futuramente, desenvolver estratégias para analisar as situações-problema que lhes são apresentadas, em lugar de responder aleatoriamente, por não ter critérios para analisá-las. Uma vez que as crianças compreenderam e incorporaram os sinais, podemos pedir a elas que coloquem os cartões $\boxed{\text{I}}$ e $\boxed{\text{I}}$ sobre os agrupamentos que formaram.

As noções de tamanho são fundamentais para que a criança, posteriormente, compreenda a seriação por tamanho, que leva à compreensão da estrutura numérica. Observamos, com frequência, crianças que conhecem os números decoradamente, mas não compreendem a grandeza correspondente.

Na fase pré-numérica, apesar de não serem ainda trabalhados os símbolos numéricos, devem ser construídas as estruturas lógicas que darão suporte aos números, quando estes forem apresentados.

12. Jogo de classificação por tamanho, com várias cores

Solicitamos às crianças que juntem as peças de todas as cores e separem-nas pelo critério de tamanho: grandes e pequenas.

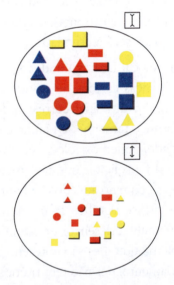

Novamente podemos analisar os conectivos **e** e **ou**. "Um bloco pode ser grande **e** pequeno? Eu posso pegar um grande **ou** um pequeno?" Para a criança pequena, isto ainda não é óbvio, pois ainda não percebeu a exclusão lógica, isto é, que um bloco não pode ser grande **e** pequeno ao mesmo tempo.

13. Jogo de classificação por tamanho, com dado

Confeccionamos um dado, com os sinais gráficos, de tal forma que cada sinal apareça em três faces do dado (Anexo 4).

A seguir, podemos explorar os jogos de 3 a 6 referindo-se ao tamanho. O jogo 3 será facilitado, uma vez que as crianças dispõem do tato para perceber se as peças são grandes ou pequenas. Mesmo assim, é interessante jogá-lo para interiorizar a noção de tamanho.

14. Jogo de classificação por espessura, com uma cor

Quando as crianças estiverem seguras em relação aos atributos precedentes, podemos introduzir a característica da espessura. Para crianças pequenas, os conceitos de grosso e fino podem ainda não estar muito claros; primeiramente, é aconselhável trabalhá-los com outras coisas. Por exemplo, comparar livros e verificar qual é o mais grosso e qual é o mais fino; cortar fatias de banana, grossas e finas etc. Só então, introduzir os blocos, de uma cor, solicitando às crianças para verificarem quais os blocos finos e quais os grossos, separando-os em duas categorias:

A seguir, devemos apresentar as cartelas ▬ (grosso) e ▬ (fino) para que as crianças aprendam os sinais que representam esses atributos.

15. Jogo de classificação por espessura, com várias cores

Devemos observar se as crianças conseguiram fazer com facilidade a classificação anterior. Caso contrário, trabalhar com cada uma das outras cores de forma separada. A seguir, podemos apresentar as peças das diferentes cores e, colocando-se as cartelas com os critérios, solicitar às crianças que classifiquem todas as peças segundo os critérios: grosso e fino. Isto exige da criança que abra mão de todos os critérios anteriormente trabalhados, voltando-se para um novo. A criança, aos poucos, percebe que as coisas não são absolutas, mas sim relativas.

Observe-se a importância da verbalização e do uso dos conectivos lógicos **e** e **ou**. "Um bloco pode ser fino **e** grosso? Pode ser grande **e** pequeno? Pode ser fino **e** azul? Pode ser grande **ou** pequeno?" E assim por diante.

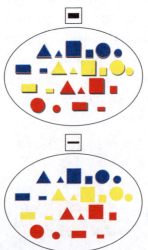

16. Jogo de classificação por espessura, com dado

Um novo dado pode ser confeccionado, usando-se os sinais de grosso e fino, ⬜ cada um em três faces do dado (Anexo 4). Podemos retomar os jogos 3, 5 e 6, analisando a espessura. Dessa vez, no jogo 3, o tato também ajuda a reconhecer as figuras escondidas, o que possibilita a interiorização do atributo.

17. Jogo de classificação com dois dados

Uma vez tendo sido analisados todos os atributos, eles podem ser combinados. Jogamos dois dados, solicitando às crianças que peguem as peças que correspondam aos atributos que estão na face superior dos dados. Por exemplo, usando-se os dados das cores e da espessura: vermelho e grosso.

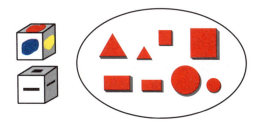

Se temos 16 peças vermelhas, são 8 as grossas que as crianças separam. Depois de explorar esses atributos, podemos fazer a mesma atividade, mas combinando outros dados dois a dois. As crianças têm que analisar os critérios e retirar as peças correspondentes. É importante continuar enfatizando a verbalização. Todos os dados podem ser combinados entre si.

18. Jogo de classificação com três dados

A seguir, podemos combinar três dados simultaneamente. Jogando-os, a combinação pode resultar, por exemplo, em: azul, grosso e grande.

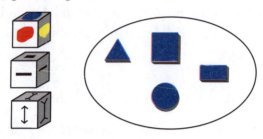

Se temos 16 azuis, são 8 grandes e, destes, 4 são grossos. Portanto, são selecionados 4 blocos.

19. Jogo de classificação com quatro dados

Por fim, usamos os quatro dados, simultaneamente, o que resulta numa única peça, já que cada peça só existe uma vez no jogo: triângulo, amarelo, grosso e grande, por exemplo. Isto é um trabalho de síntese, pois a criança tem que perceber os quatro atributos numa única peça. A atividade pode ser difícil para algumas crianças; neste caso, é necessário voltar a trabalhar com menos dados ou fazer algumas atividades intermediárias.

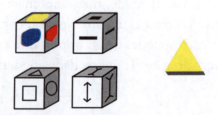

Caso a criança não possa perceber todos os critérios simultaneamente, ela pode separar primeiro todas as peças amarelas; depois destas, os triângulos; em seguida, os grossos, para daí chegar ao grande. A percepção simultânea de vários critérios é difícil para muitas crianças, mas é preciso estimulá-las, para que possam se aproximar desta habilidade, que lhes dará uma leitura mais ampla do mundo à sua volta.

20. Jogos com cartões de atributos

Em lugar dos dados, podemos também usar cartões com todas as características. Colocamos os onze cartões, com a face para baixo.

Pedimos a uma criança que vire um deles. Todas as peças com aquela característica devem ser separadas. Numa etapa seguinte, são virados dois cartões. Quando jogamos com dados, cada grupo de atributos está sempre num dado, e não podem aparecer dois atributos do mesmo grupo na mesma jogada. Entretanto, quando usamos cartões, isto pode acontecer. Pode ser virado o cartão ⬒ e depois o cartão ⬓, que são opostos, pois uma peça não pode ser grande e pequena ao mesmo tempo.

Esta é uma atividade muito rica, pois leva a criança a refletir sobre o fato de que dois opostos não podem existir simultaneamente. Ela terá que colocar de lado a cartela que não serve e tirar outra. O jogo torna-se mais complexo quando trabalhamos com três ou quatro cartões. A atenção precisa ser constante para descobrir as combinações possíveis e as impossíveis.

IMPOSSÍVEL   POSSÍVEL

Devemos lembrar que a criança, pela fase de desenvolvimento em que se encontra, entre os quatro e seis anos aproximadamente, não percebe que os opostos se excluem; por isso, com frequência, deseja duas coisas que não podem coexistir. Por exemplo, andar com um triciclo sobre uma mureta: as rodas, pela distância que têm entre si, não cabem sobre a mureta, mas a criança não percebe a impossibilidade e irrita-se. Este tipo de jogo fornece situações lúdicas, nas quais podemos debater essa impossibilidade da coexistência dos opostos.

21. Jogo com tabela de atributos-análise

Uma vez que a criança consiga fazer o exercício com os cartões, está apta a trabalhar com a tabela de atributos. A capacidade de analisar as diversas características de um objeto ou de uma situação é fundamental para o raciocínio lógico. Da mesma forma, é importante desenvolver a capacidade de fazer uma síntese. Na tabela, todos os atributos estão desenhados, e a criança pode fazer um trabalho tanto de análise como de síntese.

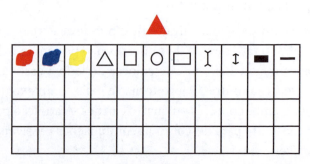

Mostramos uma peça para a criança, e ela coloca fichas em todos os quadros referentes aos atributos que a peça apresentar. Por exemplo, na figura mostrada, coloca uma peça na coluna do vermelho, do triângulo, do grande e do fino. Cada criança pode escolher uma figura, e as outras completam a tabela, marcando os atributos correspondentes, verbalizando-os a seguir.

22. Jogo com tabela de atributos-síntese

Colocamos fichas marcando os diversos atributos de uma linha, e a criança deve pegar a forma correspondente.

23. Jogo de cópia

Quando as crianças tiverem compreendido bem os quatro atributos, podemos iniciar os trabalhos de cópia. Duas equipes sentam-se frente a frente, cada uma com um jogo de blocos. A primeira equipe monta uma série de 5, 6 blocos, e a segunda equipe deve copiá-la, usando as peças com os mesmos atributos. Se as crianças ainda apresentarem dificuldade, é preciso ajudá-las, questionando: "De que cor é a peça?" "Ela é grossa ou fina?" "Grande ou pequena?"

É importante nunca dizer: "A peça está errada", pois esta informação causa bloqueios e remete à autoridade. A criança supõe que o saber pertence ao professor e torna-se dependente de sua opinião. O que queremos desenvolver é a autonomia de pensamento da criança. Normalmente, as crianças discutem a questão entre si, e não é necessária a interferência do professor. Porém, se elas não conseguem chegar a uma conclusão, o professor pode fazer perguntas ou mostrar os cartões com os sinais, para auxiliá-las em seu raciocínio.

Exemplo:

24. Jogo de sequência lógica por cor

A proposta é montar "cobras" coloridas, seguindo uma ordem. Iniciamos, por exemplo, uma série pelas cores: vermelho, amarelo, azul, vermelho, amarelo, azul, vermelho...

Pedimos às crianças que observem o que tem de especial nessa "cobra". Se as crianças não conseguirem perceber a sequência, podemos colocar um cartão com mancha de cor acima de cada bloco.

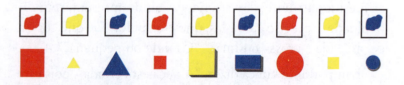

Isto provoca o isolamento do critério cor, uma vez que os blocos apresentam todos os critérios simultaneamente, e pode gerar a dificuldade de percepção da sequência. Na série mostrada, a criança deve dar continuidade, com uma peça amarela, depois azul, vermelha e assim por diante. Não importam os outros atributos. É possível fazer disso um jogo competitivo, distribuindo-se as peças igualmente entre as crianças; cada uma, na sua vez, coloca uma peça. Faz isto desde que tenha a peça adequada; se não, perde a vez para o jogador seguinte. Quem conseguir colocar suas peças antes dos demais será o vencedor.

25. Jogo de sequência lógica por forma

Depois de bem explorado o jogo de sequência lógica por cor, podemos usar como critério, por exemplo, as formas: um triângulo, um quadrado, um retângulo, um círculo, um triângulo...

As crianças devem dar continuidade, sem se preocuparem com as cores. Às vezes, isto é difícil, pois elas estão muito presas à cor, que é um atributo forte, e não conseguem abrir mão dele facilmente. É preciso muito questionamento e apoio para que consigam perceber esta nova forma de análise. Se houver muita dificuldade de percepção, novamente podem ser colocados os cartões com as formas acima de cada bloco, para que a criança possa analisar o critério isoladamente.

26. Jogo de sequência lógica por tamanho

A lógica da sequência também pode ser dada pelo tamanho: um grande e um pequeno, um grande...

27. Jogo de sequência lógica por espessura

Podemos usar como critério a espessura: fino, grosso, fino...

O início é dado, e as crianças devem descobrir a sequência. Se a maioria não conseguir, aquela que visualizou a sequência pode colocar as cartelas de ordem acima das figuras.

28. Jogo de sequência lógica com um atributo e quantidades

Quando as crianças tiverem compreendido os jogos de sequência simples, podemos introduzir sequências com um atributo e quantidades: um vermelho, três amarelos, um azul, três vermelhos, um amarelo, três azuis.

Além da sequência de cores, há uma sequência de quantidades, mas uma não está atrelada à outra, isto é, uma vez temos um vermelho e outra vez três vermelhos.

29. Jogo de sequência lógica por forma e espessura

Podemos combinar as características, criando muitos jogos de dificuldades crescentes. Por exemplo, a sequência de formas, como no jogo 24, mas com uma série de grossos e uma de finos.

30. Jogo de sequência lógica por cor e tamanho

Sequências de cores, como no jogo 23, mas com um grande e um pequeno.

Não existem limites para criar sequências. Quando as crianças tiverem adquirido uma certa segurança, elas próprias podem discutir, em grupo, sobre a lógica de uma sequência e propô-la a outro grupo, o qual tem que dar continuidade.

31. Jogo de dominó com, pelo menos, uma diferença

Distribuímos as peças entre as crianças e orientamos: "Vamos construir um "trem" bem comprido. A "locomotiva" está colocada; é um triângulo, amarelo, grande e fino. A próxima peça deve ter ao menos uma diferença". A primeira criança coloca um círculo, amarelo, pequeno e grosso. Ela deve justificar qual foi a diferença que observou. Pode ter visto que essa peça é um círculo, e não perceber as outras diferenças. Neste momento, esta percepção é suficiente, pois é uma atividade difícil para a criança e deve ser iniciada paulatinamente. O próximo a jogar escolhe outra peça e assim por diante, sempre justificando seu uso. As peças podem ser distribuídas entre as crianças, e cada uma, a sua vez, deve raciocinar sobre qual peça poderá ser colocada, pois está empenhada em se livrar de suas peças; entretanto, sempre deve justificar a colocação.

Por exemplo:

1ª criança: "A primeira (A) é um triângulo, e essa (B) é um círculo".

2ª criança: "Como ela é amarela, eu coloquei uma azul (C)".

32. Jogo de dominó com, pelo menos, duas diferenças

A mesma atividade pode ser feita com o critério de, pelo menos, duas diferenças. Isto significa que a peça pode ter mais que duas diferenças, mas duas precisam ser justificadas.

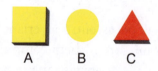

Por exemplo:

1ª criança: "A primeira peça (A) é um quadrado e amarela, e a minha peça (B) é diferente porque é círculo e azul".

2ª criança: "A minha (C) é diferente porque é vermelha e triângulo".

33. Jogo de dominó com, pelo menos, três diferenças

A atividade pode continuar agora com, pelo menos, três diferenças. Mesmo que a peça tenha quatro diferenças pode ser utilizada, desde que a criança possa justificar três delas.

Por exemplo:

1ª criança: "A minha peça (B) é diferente porque é amarela, pequena e fina".

2ª criança: "A minha (C) é diferente porque é azul, é triângulo e é grande."

34. Jogo de dominó com, pelo menos, quatro diferenças

A colocação agora é com quatro diferenças, o que torna a atividade bastante complexa. Sendo colocado um círculo azul, grosso e pequeno, a próxima peça pode ser um quadrado, vermelho, fino e grande; a seguinte um triângulo, pequeno, amarelo e grosso e assim por diante. A justificativa dada pela criança é essencial; desta forma, a linguagem torna-se cada vez mais rica.

35. Jogo de dominó com apenas uma diferença

Podemos complicar este tipo de atividade, colocando a ordem: "A próxima peça deve ter uma diferença, apenas uma". Isto significa que, se começamos com um retângulo vermelho, grande e fino, a próxima peça pode ser um retângulo vermelho, grande e grosso, tendo como diferença apenas a espessura; a seguinte, um quadrado vermelho, grande e grosso, tendo como direrença apenas a forma e assim por diante.

Por exemplo:

1ª criança: "A minha peça (B) também é um retângulo, também é vermelha, também é grande, **mas** é grossa".

2ª criança: "A minha peça (C) também é vermelha, é grande, grossa, **porém** é quadrada".

O importante é que as crianças saibam justificar suas opções. Introduzimos na linguagem, através do jogo, o uso das adversativas: mas, porém, todavia, contudo, entretanto etc.

Esses recursos de linguagem parecem óbvios ao adulto, mas não o são. A sua compreensão e a introdução do uso precisam ser estimulados. É preciso que o mediador empregue-os adequadamente. A linguagem é uma construção de cunho cultural. Ela será tanto mais rica quanto mais tiver sido estimulada e explorada quando a criança se encontrar nessa fase de máxima plasticidade cerebral, existente nos primeiros anos de vida.

36. Jogo de dominó com apenas duas diferenças

O trem agora terá vagões com duas, e apenas duas, diferenças. Podemos ter: um círculo amarelo, grande e grosso, um círculo amarelo, pequeno e fino (as diferenças são: o tamanho e a espessura); um quadrado vermelho, pequeno e fino (as diferenças são: a cor e a forma) e assim por diante.

37. Jogo de dominó com apenas três diferenças

Nessa atividade temos três, e apenas três, diferenças: um triângulo, vermelho, pequeno e fino, um quadrado vermelho, grande e grosso, um quadrado azul, pequeno e fino etc.

38. Jogo de dominó com apenas quatro diferenças

Podemos, ainda, jogar com quatro, e apenas quatro, diferenças, o que torna a atividade bastante complexa.

Um círculo grande, azul e grosso; um quadrado pequeno, vermelho e fino; um triângulo, grande, amarelo e grosso etc.

39. Jogo de dominó com alternância no número de diferenças

Outra sugestão para jogar esse tipo de jogo é alternar as diferenças. Isto é, a primeira criança coloca uma peça com uma diferença; a segunda coloca uma peça com duas; a terceira com três; a quarta com quatro; a quinta criança volta a colocar uma peça com uma diferença e assim por diante.

40. Jogo de dominó com o número de diferenças determinado pelo dado

Podemos confeccionar um dado com os números de 1 a 4. Cada criança joga o dado e tem que procurar uma peça que tenha tantas diferenças quantas o dado aponta.

41. Jogo de dominó com semelhança

Os jogos de 31 a 33 podem ser jogados com semelhança em lugar de diferença, exceto o jogo 34, pois quatro semelhanças não permitiriam uma mudança de peça, já que estaríamos descrevendo a própria peça. Talvez as crianças consigam chegar à conclusão de que três diferenças significam uma semelhança, mas isto não ocorrerá necessariamente.

42. Jogo de dominó em duas direções

Neste jogo, o dominó segue em duas dimensões. Na horizontal, as peças devem ter entre si apenas uma diferença; na vertical, têm duas. Ao colocar uma peça, a criança tem que levar em conta ambas as direções e as respectivas diferenças. Pode acontecer de surgirem lugares onde não é possível colocar nenhuma peça. Ali pode ser colocada uma pedra ou uma borracha, para marcar o espaço.

Estamos propondo uma dupla forma de análise. Dependendo da direção, teremos uma ou duas características. Isto traz à tona a noção do conceito de horizontal e de vertical e obriga a criança a perceber dois critérios simultaneamente, levando à flexibilização.

43. Jogo de bingo com figuras

São confeccionadas cartelas com os desenhos de todas as figuras. Podem ser montadas 8 cartelas com seis figuras, se não houver repetição; é possível criar muito mais cartelas, se houver permuta das figuras entre as cartelas. Estas são repartidas entre as crianças. As peças são colocadas todas dentro de um saco. Uma criança retira uma peça e a descreve: um quadrado, vermelho, grosso, pequeno. A criança que tiver o desenho em sua cartela tem o direito de colocar um feijão ou uma pedrinha sobre a figura para marcar os lugares. Quem primeiro completar sua cartela vence o jogo.

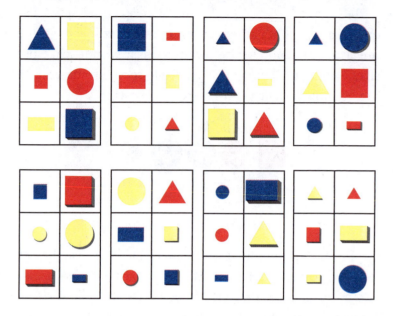

Este jogo também pode ser jogado apresentando-se cartelas com atributos em lugar de mostrar as peças. Por exemplo:

As crianças devem interpretar os símbolos e verificar se possuem a figura correspondente em sua cartela.

44. Jogo de bingo com atributos

São confeccionadas cartelas contendo seis quadrados, cada um com quatro atributos, correspondentes a uma das peças. Através de permutação de, pelo menos, um quadrado entre as cartelas, pode ser criado um número muito maior de cartelas. Não tem importância que vários participantes tenham um quadrado em comum, sobre o qual colocam uma ficha. O que não pode acontecer é haver cartelas inteiras repetidas, pois isto levaria vários jogadores a preencher várias cartelas simultaneamente.

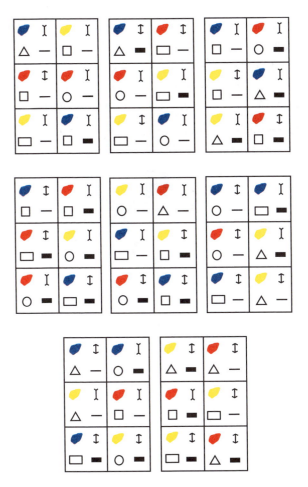

As peças são colocadas todas dentro de um saco. A cada vez, uma peça é retirada e mostrada, por exemplo ▲, e a criança deve reconhecer a cartela e marcar o lugar:

45. Jogo de elaboração de linguagem com quantificadores

Os quantificadores são importantes organizadores, que antecedem os números. É importante que, desde o início da elaboração da linguagem, eles estejam presentes, para que a criança tenha estratégias de raciocínio ainda antes de saber contar. Entre os quantificadores, temos: alguns, nenhum, muitos, poucos, todos, apenas um, nem todos, o, um etc.

Apresentamos um conjunto para as crianças, e pedimos que elas formem frases, olhando as peças do conjunto.

Por exemplo:

Nenhum (é triângulo),

Todos (são quadrados),

Alguns (são grandes),

O (quadrado vermelho é grosso),

Muitos (são azuis),

Um (é amarelo),

Apenas um (é vermelho),

Nem todos (são finos).

46. Jogo de análise de quantificadores entre equipes

Muitos conjuntos podem ser formados, inclusive uma equipe construindo um conjunto para outra equipe, discutindo entre os elementos da equipe a lógica da formação. Devemos alertar, entretanto, que não há apenas uma solução correta e as respostas precisam ser analisadas; mesmo sendo diferentes, podem ser adequadas.

Todos (são finos),
Alguns (são círculos),
Nenhum (é amarelo),
Muitos (são vermelhos),
Poucos (são azuis),
Apenas um (é triângulo),
O (retângulo é vermelho).

47. Jogo de construção de agrupamento com pistas de quantificadores – I

Podemos apresentar as afirmações sobre um agrupamento, e as crianças têm que construí-lo com cinco peças.

Nenhum é retângulo,
Todos são amarelos,
Alguns são finos,
O triângulo grande é grosso,
Poucos são círculos,
Dos círculos, apenas o grande é grosso,
Um quadrado é grande.

Novamente, temos que alertar para a possibilidade de aparecerem conjuntos diferentes; porém, desde que estejam de acordo com as afirmações feitas, são considerados corretos.

Muitas vezes, observamos professores cobrando uma resposta única a determinadas questões. Entretanto, a lógica pode permitir mais de uma resposta certa, o que deve ser discutido com as crianças.

48. Jogo de construção de agrupamento com pistas de quantificadores – II

Mais um exemplo de afirmações para que as crianças montem um agrupamento com seis peças.

Todos são grandes,

Alguns são vermelhos,

Um é amarelo,

Apenas o amarelo é quadrado,

Nem todos são finos,

O triângulo azul é grosso,

Nenhum vermelho é grosso.

49. Jogo de análise de quantificadores

Dado um agrupamento, as crianças têm que analisar se as afirmações são certas (c) ou erradas (e).

Nenhuma peça é pequena. ( )

Algumas peças são azuis. ( )

Apenas uma peça é grossa. ( )

O triângulo é vermelho. ( )

Nem todas as peças são finas. ( )

Uma peça é vermelha. ( )

Todas as peças têm cantos. ( )

50. Jogo de constatação da inclusão de classes

A criança, no período pré-lógico, já tem uma noção de classes. Se lhe damos vários brinquedos, como flores, bonecas, louças, carrinhos, ela é capaz de separá-los de acordo com as classes, desde que esteja funcionando no período intuitivo articulado e não no período global. Consegue, também, compreender o que é uma subclasse, por exemplo, que ursinhos de pelúcia são brinquedos e que bonecas são brinquedos. Entretanto, se solicitamos que analise classe e subclasse simultaneamente, não é capaz de fazê-lo. Os Blocos Lógicos permitem trabalhar esta construção.

Dado um agrupamento, em que todas as formas sejam círculos, temos a classe dos círculos. Nesta classe, temos a subclasse dos círculos azuis e a subclasse dos círculos amarelos.

Perguntamos à criança:

– Todas as figuras são círculos?

E ela responde:

– Sim.

– Os azuis são círculos?

– Sim.

– Os amarelos são círculos?

– Sim.

– Então, temos mais azuis ou mais círculos?

A criança que ainda não consegue perceber a classe e a subclasse ao mesmo tempo, diz: "Temos mais azuis, porque amarelos só têm dois".

Ela não percebe que a classe dos círculos é mais ampla que a subclasse dos círculos azuis e dos círculos amarelos.

Pedimos, então, que ela coloque uma ficha vermelha sobre cada um dos círculos e uma ficha azul sobre cada círculo azul e compare: de que tipo há mais fichas? Isto lhe permite visualizar classe e subclasse, oportunizando a percepção de que existem mais círculos do que círculos azuis, porque todas as figuras são círculos e nem todas são azuis.

Observamos, mais tarde, quando as crianças já se encontram na terceira série, certas dificuldades na resolução de problemas matemáticos, e alguns professores sentem-se impotentes para oferecer estratégias para que as crianças consigam compreender a situação. Por exemplo: Um chacreiro plantou 75 árvores frutíferas. Destas, 30 eram macieiras e o restante pereiras. Quantas eram as pereiras?

A dificuldade que muitas crianças encontram deve-se à não compreensão das ideias de classe (árvores frutíferas) e subclasse (macieiras e pereiras). Isto as impede de analisar a situação, levando muitos professores à conclusão de que a dificuldade está na resolução de problemas, quando está na falha de estrutura lógica.

51. Jogo de análise da inclusão de classes

– Todas as peças são finas?

– Sim

– Os quadrados são finos?

– Sim.

– Os triângulos são finos?

– Sim.

– Então, há mais quadrados ou mais peças finas?

Se a criança responder que há mais quadrados, mais uma vez não conseguiu comparar a classe das finas com as subclasses dos quadrados finos e dos triângulos finos. A atividade anterior deve ser novamente explorada.

52. Jogo de análise de atributos em comum – I

Formamos um conjunto

Apresentamos várias peças

Perguntamos: "Quais peças poderiam entrar (não ao mesmo tempo) nesse conjunto? Por quê?"

1 – ■ Pode entrar porque é fino como as outras peças.

2 – ▲ Pode entrar porque é azul como as outras peças.

3 – ● Pode entrar porque é grande como as outras peças.

4 – ▬ Não pode entrar porque não é grande, não é azul e não é fino.

53. Jogo de análise de atributos em comum – II

Formamos um conjunto com outros atributos.

1 – ● Pode entrar porque é amarelo.

2 – ▲ Não pode entrar porque não é amarelo, não é pequeno e não é grosso.

3 – ● Pode entrar porque é pequeno.

4 – ● Pode entrar porque é grosso.

No período pré-lógico, é comum que a criança faça afirmações, mas não argumente para justificá-las. Os exercícios apresentados fornecem oportunidades ricas para desenvolver esta capacidade de argumentação. Ela terá que sair de seu pensamento onipotente, que só parte de sua própria realidade, para analisar algo externo e falar sobre isto. Atividades deste tipo propiciam oportunidades para que a criança parta do concreto e transforme sua ação em pensamento, em operação mental.

A criança, através de sua ação, modifica o mundo a sua volta e, ao fazê-lo, modifica a si mesma, isto é, suas funções psíquicas superiores. Com o passar do tempo, ela vai necessitando cada vez menos do objeto externo e passa a usar signos internos, que são representações mentais que substituem os objetos do mundo real. Cada função psíquica que vai sendo internalizada implica uma nova reestruturação mental, que interage com as já existentes. Para isso, precisa abstrair os aspectos fundamentais e inibir os secundários, chegando a uma generalização mais ampla que leva à síntese.

Sabemos que quanto menor é a idade da criança, maior é sua plasticidade cerebral. Assim, a estimulação, especialmente nessa fase, propiciará um potencial muito amplo de raciocínio para as fases posteriores.

54. Jogo de organização dos blocos

As crianças já analisaram todos os critérios. Então, podemos solicitar que organizem os blocos como preferirem. Cada grupo recebe uma caixa completa e organiza as figuras. Isto leva o grupo a ter uma noção do universo total dos blocos. Uma vez tendo organizado o conjunto, cada grupo explica aos outros de que critérios partiu e como fez sua arrumação.

Podemos verificar que existem diversas possibilidades de realizar essa tarefa e que a observação dessas diferenças leva as crianças a descobrirem que não há uma única solução para um problema. Por exemplo:

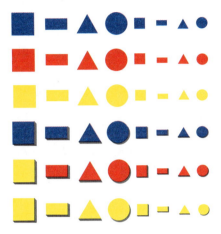

Este tipo de atividade estimula várias aprendizagens: a autonomia (não há modelo); a capacidade de raciocinar e traduzir seu pensamento através da linguagem; o trabalho grupal; a argumentação intergrupal e a aceitação de diferentes tipos de solução.

55. Jogo de colocação de peças em matriz

Podemos levar a criança a montar diversas organizações diferentes, trabalhando com quadros quadriculados, que chamaremos de matrizes. Existem muitos tipos de matrizes possíveis, e o professor pode ter total liberdade para criar aquelas que desejar, estimulando também os alunos a desenvolver as suas.

Nesse momento, podemos apresentar novos conceitos, como **vertical** e **horizontal**. Sabemos o quanto alunos mais velhos, até em nível de sétima, oitava série, muitas vezes, têm dificuldades com esses conceitos. Isto se dá porque não foram utilizados com naturalidade desde a época em que a linguagem estava sendo estruturada. Posteriormente, esta falha pode trazer dificuldades na orientação espacial, na leitura de mapas, na capacidade de se localizar numa cidade desconhecida etc. Torna-se evidente, pois, a necessidade de trabalhar essas noções desde a Educação Infantil, para que se tornem conhecimentos sedimentados.

Elas podem ser trabalhadas nas diversas aulas e, fundamentalmente, nas de Educação Física. É importante dar exemplos, fazendo referência à própria criança, ao seu corpo. Quando ela está deitada, está na horizontal; quando está em pé, está na vertical. Isto deverá ser aplicado também a outras coisas na sala, brinquedos etc.

Não é importante que as crianças usem esses termos, mas precisam ser informadas deles. O professor, sempre que possível, fará uso dos termos, até que eles sejam incorporados ao vocabulário das crianças.

Também deverão ser apresentados os termos **linha** e **coluna**. A palavra linha já pode ter sido explorada anteriormente, quando o professor escreve na linha ou faz uma linha para desenhar em cima; a palavra coluna pode ter sido usada em situações nas quais crianças brincam com blocos de construção que tenham colunas, como as colunas que seguram o telhado. Além disso podemos mostrar no quadro de giz o que são uma coluna e uma linha. Novamente enfatizamos que essas palavras só entram aos poucos no vocabulário infantil, mas à medida que as crianças possam ouvi-las, tornam-se familiares.

Esses conhecimentos são muito importantes para o futuro da criança. Toda cidade organiza-se num sistema de linhas e colunas, e muitas das dificuldades de localização na idade adulta devem-se à pouca estimulação dessas noções na primeira infância.

A palavra fila também pode, ocasionalmente, ser usada. A fila não tem direção definida. Pode ser usada como: fila das horizontais, fila das verticais etc.

Nesta matriz, de quatro por doze quadros, colocamos quatro quadrados na horizontal e doze na vertical, de tal maneira que as crianças possam colocar o universo dos blocos sobre ela. Num primeiro momento, solicitamos que a criança coloque os blocos sobre a matriz, de forma harmônica, isto é, que combinem entre si, e que ela possa explicar por que fez assim.

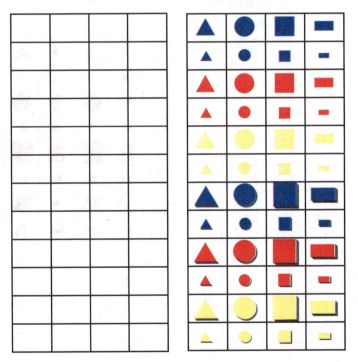

Depois de analisada a forma de colocação, podemos verificar se os diversos grupos usaram critérios diferentes, desenvolvendo diferentes configurações. É importante ressaltar que pode haver diferentes soluções para uma mesma questão. Devemos apenas observar se há crianças que não conseguem alcançar uma organização harmoniosa, orientando-as através de questionamentos; nunca com soluções prontas.

56. Jogo de matriz com cartões de tamanho

Podemos colocar cartões com sinais norteadores, como os sinais de grande e pequeno, na margem vertical, solicitando que as crianças coloquem blocos grandes e pequenos, mas de forma harmoniosa, isto é, que eles combinem entre si na linha. Cada grupo pode escolher sua maneira de colocar as peças.

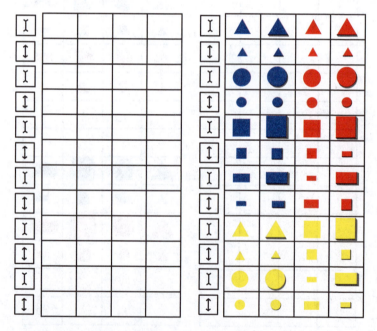

Mais uma vez, as crianças podem verificar que as soluções não são iguais de um grupo para o outro; isto deve ser discutido, sendo o professor um mediador, mas não aquele que aponta as diferenças. Seu papel deve ser sempre de questionador, e não de detentor do saber.

57. Jogo de matriz com cartões de espessura

O mesmo quadro é reapresentado, mas usamos os cartões com os atributos fino e grosso. As crianças devem colocar as peças de tal maneira que elas combinem entre si na horizontal.

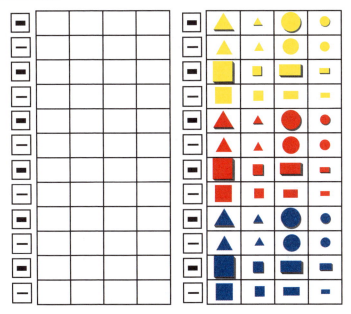

Esse tipo de atividade permite que a criança perceba que são possíveis vários tipos de classificação com as mesmas peças, dependendo dos atributos que sejam utilizados para determinar a matriz.

Algumas crianças mostram, inicialmente, grandes dificuldades em mudar de critérios de análise. Isto é normal, levando-se em conta que elas só têm sua própria realidade como ponto de partida, isto é, não têm a amplitude de referenciais que o adulto tem. Por isso é importante desafiá-las com diferentes propostas, para que aos poucos percebam que existem diferentes formas de analisar uma mesma questão. Isto é a base do raciocínio científico e, quando não é tolhido pelo adulto, a criança mantém o fascínio pela descoberta, não se conformando com uma resposta fechada a uma questão que formula.

58. Jogo de matriz com cartões de forma na margem horizontal

Usando a mesma matriz podemos colocar, na margem horizontal, os cartões com as formas; as crianças têm que organizar os blocos na vertical, de maneira que estejam de forma harmoniosa, isto é, que combinem de alguma forma na coluna. Pedimos muita atenção para o fato de que estamos dando apenas exemplos, a criança deve pesquisar a sua configuração. Deve, entretanto, justificar sua organização.

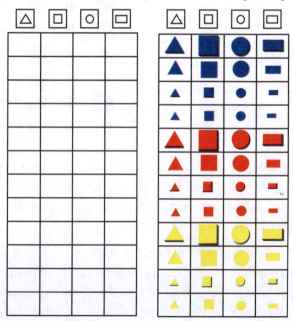

Ao mesmo tempo que foram mudados os atributos que orientam a classificação, também a direção da classificação mudou, uma vez que agora as cartelas estão na parte superior da matriz.

Não devemos cobrar uma organização de dupla entrada. Muitas crianças ainda não conseguem fazê-la, obedecendo apenas ao critério dado. As peças com as cores, tamanhos e espessuras variadas podem ser colocadas aleatoriamente, apenas com um critério, para que a criança possa sentir segurança e ter prazer na atividade.

59. Jogo de matriz com cartões de cor

Mais uma forma de utilizar essa matriz é colocar os cartões de cores na margem vertical e solicitar às crianças que organizem as figuras nas linhas, de tal maneira que combinem entre si, e expliquem a razão.

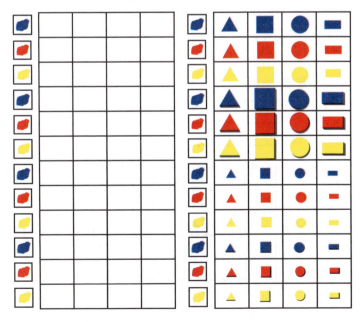

101

Sempre é importante que a criança verbalize e justifique sua classificação. Inicialmente, ela tende a trabalhar intuitivamente e não sabe bem por quê. À medida que se habitua a justificar, os critérios ficam-lhe cada vez mais claros.

Sabemos que a criança, primeiramente, desenvolve seu raciocínio através da ação. Depois, é preciso que desenvolva a ação em paralelo com a linguagem, isto é, ela fala enquanto brinca, traduzindo todo o seu agir por meio da linguagem. Isto leva a um enriquecimento da linguagem, o qual é muito necessário ao seu desenvolvimento. Posteriormente, ela pode utilizar a linguagem em substituição à ação.

60. Jogo de matriz de seis por oito quadros

Para levar a criança a novas pesquisas vamos oferecer uma matriz de 6 x 8, solicitando que ela disponha as formas sobre essa matriz. A disposição deve ser harmônica, mas as crianças podem procurar diferentes soluções. Mais tarde, elas podem colocar as cartelas de sinais na parte externa da matriz, analisando quais foram seus critérios.

Exemplo:

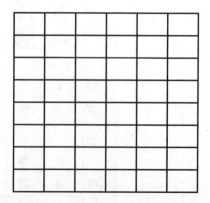

61. Jogo de matriz de três por dezesseis quadros

A matriz 3 x 16 permite ainda outras possibilidades de pesquisa. Exemplo:

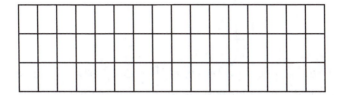

62. Jogo de matriz com dupla entrada

Podemos trabalhar com uma matriz menor (4 x 3) e introduzir a dupla entrada. As crianças têm que analisar tanto a horizontal como a vertical e encontrar a intersecção entre ambas.

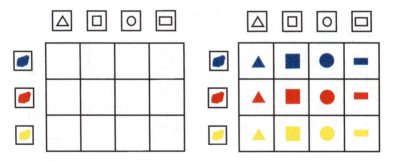

Na vertical, colocamos os cartões de cores e, na horizontal, os cartões de formas. Num primeiro momento, podemos sugerir que usem apenas as peças pequenas e finas. Posteriormente, é possível montar "torres" em cada quadro. Se distribuirmos as peças às crianças, cada uma pode encontrar um lugar para a sua peça e colocá-la. Elas talvez precisem seguir com um dedo pela vertical e com outro dedo pela horizontal para descobrir o local e a peça a ser colocada:

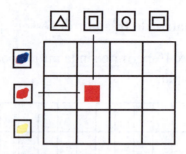

Todas as peças podem ser colocadas; basta que se descubra o local. Se esta atividade ainda estiver muito difícil, talvez seja melhor trabalhar com uma entrada só, primeiramente numa direção, depois na outra, antes de unir as duas. Se a criança deixar peças de fora, devemos questionar sobre o motivo. É importante levá-la a perceber que **toda** peça pode ser colocada, pois ela é azul **ou** vermelha **ou** amarela.

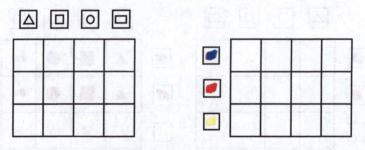

63. Jogo de matriz com dupla entrada e quatro atributos – I

Na mesma matriz, vamos associar vários atributos; na horizonal: forma e tamanho; na vertical: cor e espessura. Isto exige uma análise muito mais aprofundada, e nem toda criança consegue realizar a tarefa. Para superar isso, é rico o trabalho em grupo e a discussão; as crianças menos rápidas podem ser estimuladas pelas mais rápidas. (Nem todas as peças serão usadas.)

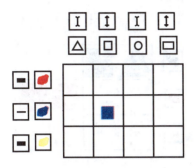

64. Jogo de matriz com dupla entrada e quatro atributos – II

As cartelas de ordens podem ser combinadas de muitas maneiras diferentes, criando-se novas possibilidades.

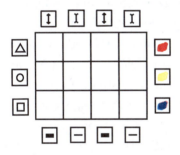

65. Jogo do mico

Da mesma forma como se joga o tão conhecido jogo do Mico-Preto, com cartas de baralho, podemos adaptar essas regras à matriz. Usando-se todas as peças para o jogo, retira-se uma delas antes de iniciar; as demais são distribuídas entre os jogadores, até acabarem, – mesmo que não seja possível dar o número igual de peças para todos os jogadores. A seguir, um dos jogadores que receberam uma peça a mais (sorteia-se entre eles) começa o jogo, colocando duas peças de cor igual na matriz. O segundo jogador coloca também duas peças de cor igual, formando "torres" sobre a matriz.

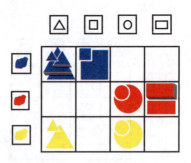

Cada jogador coloca um "par", até que ninguém mais tenha pares. Então, o primeiro jogador que não tem mais duas figuras da mesma cor "puxa" uma peça do antecessor. Este deve ocultar suas peças, para que o jogador que "puxa" não possa escolher a cor. Se este conseguir formar um par, coloca-o sobre a matriz. Colocando ou não, volta-se para o jogador seguinte, o qual passa a "puxar" uma peça sua, sem escolher. O jogo prossegue até que todos os jogadores possam colocar seus pares. Um deles fica com uma peça na mão, já que retiramos uma no início. Este ficará com o "mico" e perderá o jogo. Pode-se combinar um castigo, como dançar, cantar etc., para ser pago por quem ficar com o "mico". Este jogo permite que se trabalhe ludicamente com o preenchimento da matriz, podendo-se repetir a atividade muitas vezes.

É interessante chamar a atenção para a expressão "ficar com o mico", que aparece com frequência na linguagem coloquial, bem como para seu significado. Salientar que foi este tipo de jogo que deu origem a tal expressão.

66. Jogo de matriz determinada pelos encontros (peças colocadas)

Neste jogo, algumas peças estão colocadas, e as crianças precisam descobrir quais são as ordens, colocando as cartelas correspondentes para completarem a matriz.

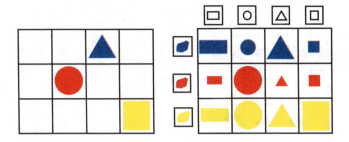

67. Jogo de matriz indeterminada

Para crianças com maior facilidade, podemos colocar a matriz indeterminada, e a criança passa a determiná-la à medida que coloca as peças.

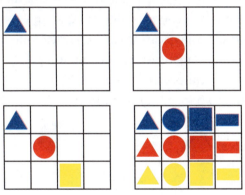

Novamente, é importante que saibam justificar a razão da colocação de cada peça. A ação organiza a linguagem, mas é a linguagem que organiza o pensamento.

68. Jogo de matriz indeterminada com posicionamento aleatório das cartelas de atributos

Na matriz indeterminada, as peças podem ser colocadas, utilizando-se as cartelas de critérios aleatoriamente, o que deixa bem mais complicada a descoberta da sistemática, a finalização e a análise dos resultados.

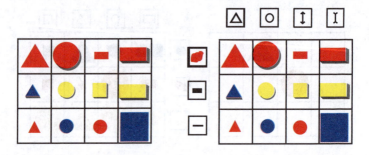

69. Jogo da corrida de passos

Cada criança recebe uma peça, e todas ficam paradas numa linha. O objetivo é dar passos para atingir uma meta combinada. Uma criança lidera o jogo e tira da caixa uma peça, mostrando-a às demais. Elas comparam suas peças com a peça mostrada e analisam as características que têm em comum. Para cada característica em comum, podem andar um passo. Pegam outra peça e repetem a brincadeira. Quem alcançar primeiro o lugar combinado ganha o jogo.

Peça líder:

A   B   C

Por exemplo:

(A) "Posso andar três passos porque o que minha peça tem em comum é ser grande, azul e grossa."

(B) "Não posso andar porque minha peça não tem nenhuma característica em comum: ela é pequena, amarela, fina e quadrada."

(C) "Posso andar dois passos porque minha peça é grande e grossa."

Sempre é importante verbalizar, para que a criança tenha clareza sobre as razões lógicas do jogo.

70. Jogo da árvore com classificação por cor e forma

Os jogos das árvores são interessantes atividades para levar a criança a analisar os vários atributos dos blocos, sistematicamente.

Esta árvore tem um tronco, que se trifurca. Seguindo cada galho, haverá uma característica que o determina.

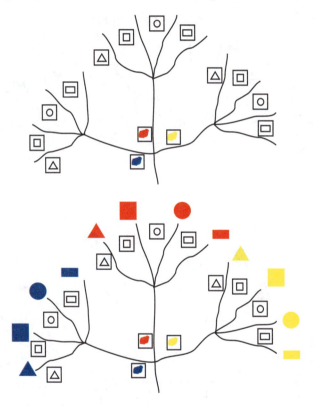

Na trifurcação, a determinação é: azuis, vermelhos e amarelos. **Todas** as peças têm como característica uma das três cores. Portanto, **todas** podem passar. Em seguida, o tronco divide-se em quatro galhos, nos quais aparecem as formas. Novamente, todas as peças possuem um dos atributos;

portanto, todas podem ser colocadas. É preciso voltar a discutir a necessidade lógica de **todos** e **alguns**.

71. Jogo da árvore com classificação por forma e cor

Aqui foram invertidas as posições. Primeiro, há a classificação por formas; depois, por cores.

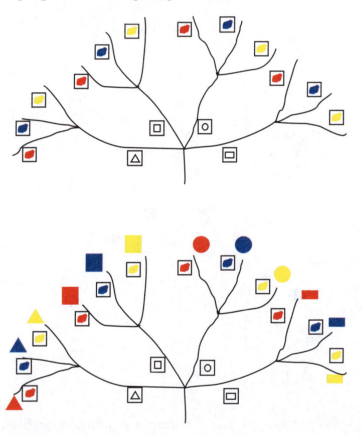

Mais uma vez, a criança analisa os atributos e percebe que a lógica da colocação continua a mesma, apesar da modificação dos atributos. Isto possibilita a flexibilização do raciocínio.

72. Jogo da árvore com classificação por cor, forma e tamanho

Nesta árvore, a classificação continua. Os galhos bifurcam-se em grandes e pequenos.

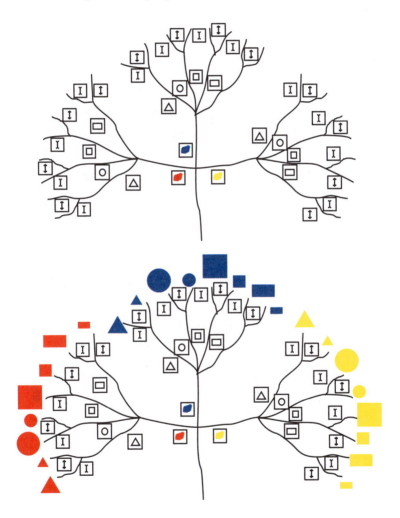

73. Jogo da árvore com classificação por forma, cor e tamanho

Invertendo-se a sequência da colocação dos atributos, outras possibilidades podem ser exploradas.

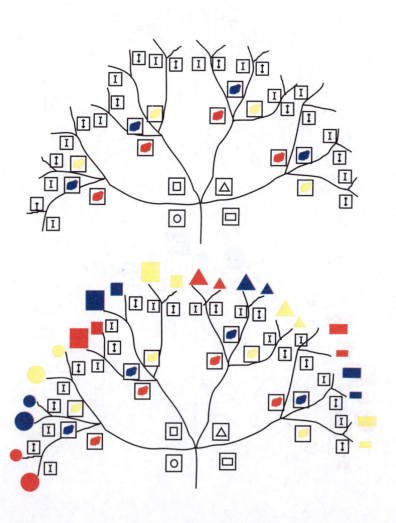

74. Jogo da árvore com classificação por cor, forma, espessura e tamanho

Esta árvore apresenta todos os critérios, por isso é mais complexa. As crianças que tenham conseguido fazer as anteriores não têm dificuldade em fazer essa distribuição.

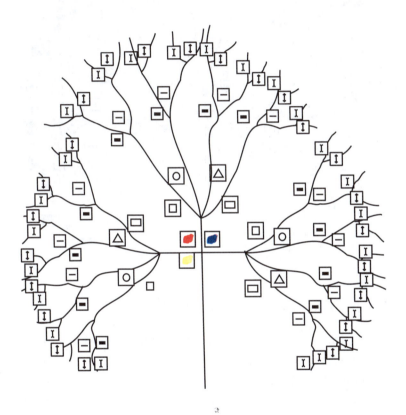

Elas terão que analisar um critério após o outro, para poderem descobrir que figura colocar em cada ponta de galho.

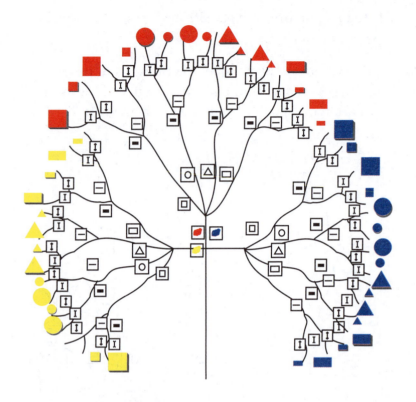

75. Jogo de esconde-esconde na árvore

Outra possibilidade de trabalhar com a análise das árvores é pedir que as crianças olhem para outro lado e esconder uma moeda embaixo de uma das formas. As crianças deverão descobrir onde está escondida a moeda. Poderão perguntar: "É azul? É grande? É quadrado?" até conseguirem descobrir o esconderijo. Quanto mais organizada for a forma de perguntar, mais rápida será a forma de encontrar a moeda.

A criança, cuja organização lógica ainda for frágil, faz perguntas aleatórias. Quanto mais estruturada for sua forma de pensar, mais depressa chega à descoberta.

76. Jogo da árvore sem cartelas de atributos

Sabemos que a criança, na fase inicial da estruturação lógica, tende a apresentar um raciocínio um tanto rígido, que lhe permite a "ida", mas ainda não a "volta". Isto é a ausência da reversibilidade, e é exatamente esta que precisa ser construída para se atingir um raciocínio mais flexível. Por essa razão, precisamos sempre estar atentos em oferecer à criança a oportunidade de fazer o caminho inverso, para que desenvolva este tipo de raciocínio. Pensando nisso, podemos lhe oferecer as árvores, agora sem as cartelas de ordem, mas com todas as peças colocadas, e solicitar que descubra quais foram as cartelas de ordem que deram origem a tal disposição.

77. Jogo pedindo blocos

As crianças vão se dispor em duas equipes, cada uma de um lado da mesa, fazendo para si um anteparo. **Um** jogo de blocos é distribuído entre as duas equipes aleatoriamente. Cada equipe dispõe os blocos à sua frente, atrás do anteparo.

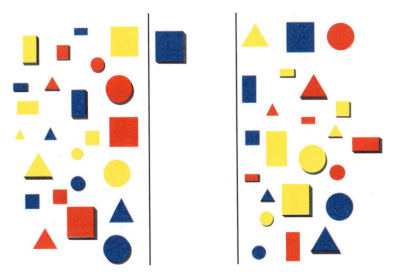

O jogo consiste em pedir a outra equipe peças que ela própria não tem. As peças que ela consegue são colocadas à frente do anteparo e não podem ser pedidas de volta. Cada equipe pede uma vez. Ganha a equipe que conseguir alcançar mais blocos.

A criança que está no período pré-lógico não consegue perceber que uma peça não pode estar em dois lugares ao mesmo tempo e acaba pedindo peças que ela mesma tem. Também não lhe é claro que a peça que ela não tem está com a outra equipe, necessariamente. Esse jogo é muito rico, pois permite o desenvolvimento da capacidade de perceber a contradição. Mostram-se presentes, novamente, os conectivos lógicos **e** e **ou**, que devem ser explorados.

Exemplo:

– O bloco quadrado, amarelo, pequeno, grosso pode estar de um lado **e** de outro?

– Não.

– Então, ele está de um lado **ou** de outro?

– Sim.

Quando a criança atinge essa capacidade, ela acerta imediatamente, e o jogo perde a graça.

É interessante observar quais são as crianças que ainda apresentam dificuldade nessa atividade e prolongar os jogos com elas, para que também possam vencer a etapa.

Este tipo de atividade apresenta a noção de **implicação**. Se uma peça está de um lado, **implica** que não está do outro. Se não está aqui, **implica** que está do outro lado. Isto é uma noção muito importante, que se torna necessária em raciocínios mais complexos.

78. Jogo do detetive

As crianças podem ser organizadas em duas equipes. Cada equipe dispõe de um jogo de blocos.

Nível 1 – A equipe 1 escolhe uma peça e a coloca atrás de um anteparo. A equipe 2 dispõe os blocos à sua frente, para ajudar a organizar o raciocínio. Esta equipe deve discutir a estratégia de perguntas. Por exemplo: "É vermelha?" Se a equipe 1 responder que não, a equipe 2 pode retirar as peças vermelhas e perguntar: "É amarela?" Possivelmente, se a equipe 1 responder que não, a equipe 2 ainda pergunta se é azul, apesar de isso ser óbvio, pois só restaram peças azuis.

Vimos a noção de **implicação**: não ser vermelha, nem amarela **implica** que seja azul; porém, a criança deverá construir esse raciocínio aos poucos, por si. O professor deve evitar intervir, para que as próprias crianças possam fazer as descobertas.

As perguntas continuam até que a equipe 2 possa descobrir qual é a peça que está atrás do anteparo. Então, as equipes invertem as posições, e a equipe 2 passa a esconder a peça. Uma variante é marcar o número de perguntas que cada equipe faz; a cada pergunta, a equipe recebe uma ficha. Ganha o jogo quem fizer o menor número de perguntas, isto é, quem tiver o menor número de fichas. Entretanto, se chutar e errar, perde o jogo.

Nível 2 – Quando o jogo, com a manipulação das peças, tornar-se fácil, podemos sugerir que as crianças apenas olhem para as peças, mas não as toquem.

Nível 3 – Este nível é bem mais difícil porque exige um raciocínio classificatório interiorizado. Vamos sugerir que as crianças descubram a peça sem olhar para outro conjunto de blocos.

Nível 4 – Escondemos duas ou três peças simultaneamente; estas devem ser descobertas.

79. Jogo do detetive com negação

Confeccionamos 11 cartões com os atributos e os mesmos cartões com um traço inclinado por cima.

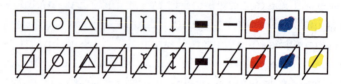

Os cartões com o traço simbolizam a negação. A criança já conhece esse código, através dos sinais de trânsito: não estacionar, não buzinar etc.

Podemos trabalhar com os cartões com o traço inclinado ou com a cartela ~ diante de outra cartela: ⌀ = ~ ○. Em ambas as situações, a criança deve entender o "não".

A equipe 1 esconde uma peça e a equipe 2 vai tentar descobri-la, usando agora os cartões. Faz perguntas do tipo: "É quadrado?" Se a equipe 1 responder que não, coloca a ⌀ peça e continua: "É vermelho?" Se a resposta for positiva, coloca a peça . Assim, sucessivamente, até descobrir qual é a peça. Inicialmente, as crianças usam muito mais cartões do que necessário, pois perguntam: "É grande?" E se a equipe 1 responder que não, colocam a cartela ⌀ e perguntam: "É pequena?", sem perceber que o que não é grande implica ser pequeno, necessariamente.

80. Jogo de análise negativa ou dos atributos que uma peça não tem

Com os mesmos cartões do jogo anterior, as crianças vão analisar as características que um bloco não tem.

Analisar as características que uma peça tem é muito mais fácil do que analisar as características que ela não tem. Este raciocínio é de grande importância, pois sabemos a dificuldade que alunos costumam ter em classes mais avançadas, quando lhes é feita uma pergunta negativa. Geralmente, a resposta é dada sobre os fatores positivos, sem a compreensão do sentido da pergunta.

Por exemplo:

– Quais as características que um cachorro não tem?

(Frequentemente, a resposta volta-se às características afirmativas.)

– Ele tem duas orelhas, pelo, focinho etc.

No caso da análise das características que a figura não tem, a criança deve colocar as cartelas negativas correspondentes. Para não azul, coloca a cartela: ⌀ ; não fina: ⌀ ; não grande: ⌀ , e assim por diante, tendo que decidir entre as cartelas que servem e as que não servem.

81. Jogo com negação e dado de cores

Podemos utilizar os dados para trabalhar a negação. Vamos confeccionar um cartão com o sinal ~, que significa "não". Este será colocado na superfície onde se jogará o dado. Primeiramente, usaremos o dado das cores. Joga-se o dado; se a face superior cair, por exemplo, no azul, isto significa que vamos separar as peças não azuis.

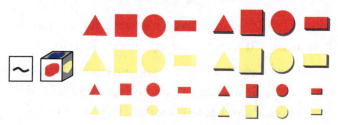

Não azul implica, no jogo, amarelo e vermelho. Isto exige um raciocínio complexo, e algumas crianças podem ter dificuldade. Talvez seja necessário trabalhar com atividades intermediárias, analisando, por exemplo, o que a criança não é, o que um brinquedo não é, o que um cachorro não é etc.

82. Jogo com negação e dado de formas

A seguir, usando o dado das formas, temos, por exemplo: não triângulo; as crianças têm que separar todas as outras formas.

83. Jogo com negação e dado de tamanhos

Com o dado dos tamanhos: não grande.

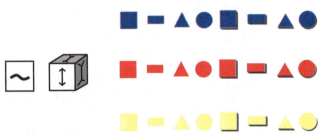

84. Jogo com negação e dado de espessuras

Com o dado da espessura: não fino.

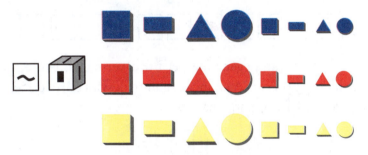

85. Jogo de várias negações com dados

Podem ser combinados sistematicamente dois dados, como não vermelho e não fino, ou não amarelo e não quadrado; depois, três e quatro dados, tornando a atividade mais difícil.

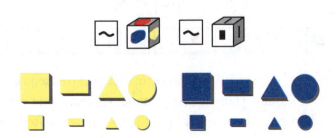

86. Jogo de negação com cartelas

Ao invés dos dados, podemos usar as cartelas, com todos os atributos, voltadas com as faces para baixo. Acima dessas cartelas é colocada a cartela ~ (não).

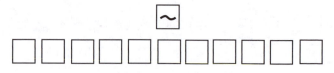

A seguir, a criança desvira uma cartela. Por exemplo: ● (vermelho).

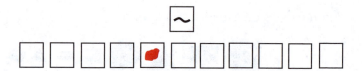

Ela tem que pegar uma peça não vermelha, isto é, de qualquer outra cor. A criança seguinte desvira outra cartela; digamos: ↕ (não pequena).

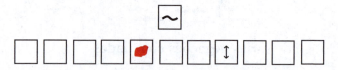

Tem que pegar uma peça não vermelha e não pequena. A próxima criança desvira uma cartela não azul.

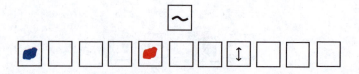

Sua peça tem que ser não vermelha, não pequena e não azul. Na sequência, cada criança adiciona mais uma cartela de ordem e tenta encontrar uma peça que se ajuste. Pode acontecer, entretanto, de a criança desvirar uma cartela de ordem que seja impossível, em decorrência de outra aberta anteriormente. Por exemplo: ▢I (não grande).

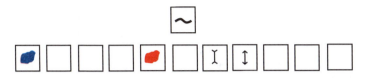

Já existe a cartela não pequena; portanto, não pode haver, simultaneamente, a cartela não grande. A criança tem que argumentar por que essa ordem não serve (explorando que não pequeno **e** não grande é impossível; precisa ser não pequeno **ou** não grande; mais uma vez, são evidenciados os conectivos lógicos), colocá-la de lado e pegar outra. Segue assim até acabarem as onze cartelas, quando elas são viradas novamente e o jogo pode continuar. Este jogo exige um raciocínio bastante complexo, pois toda a classificação será sempre pela ausência do critério, e não pela sua presença.

87. Jogo das deduções

Quando as crianças conseguem resolver os jogos anteriores, podemos trabalhar com deduções. O jogo desenvolve-se com duas equipes, cada uma com um jogo de blocos à disposição. A equipe 1 esconde uma peça atrás de um anteparo; a equipe que pergunta tem duas tabelas: das respostas e das deduções. Se a criança pergunta: "É pequena?", e a equipe responde: "Não!", aquela que perguntou coloca na tabela das repostas a cartela ▢ (não pequena).

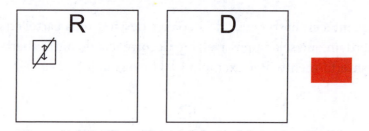

Se ela concluir: "Então é grande", coloca também na tabela das deduções a cartela (grande) ⬛I⬛. Quando a resposta é correta, vai para as duas tabelas. Por exemplo: "É vermelha?" "Sim". A cartela 🍃 vai para ambas.

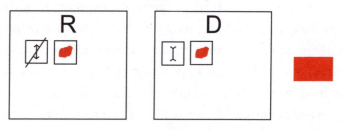

A tabela das respostas pode acumular muitas respostas inúteis, enquanto a tabela das deduções tem informações precisas. Quando uma equipe descobre a peça, a outra equipe assume a função de perguntar.

Se quisermos marcar pontos nesse jogo, podemos fazer uma tabela. De acordo com o número de cartelas que a equipe coloca no quadro das respostas, recebe uma ficha. Por exemplo: 5 cartelas: vermelho; 6 cartelas: azul; 7 cartelas: amarelo etc. Quanto menos cartelas colocar, melhor é seu resultado; portanto, a ficha mais "forte" é a que corresponde ao menor número de cartelas. Assim, na comparação das fichas, ganha quem tem mais fichas "fortes". Podemos ainda combinar que duas fichas amarelas podem ser trocadas por uma azul e duas azuis por uma vermelha. Assim, a comparação ficará fácil.

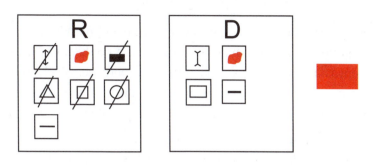

88. Jogo do "o que é, o que é"

Uma criança escolhe uma peça e a esconde. Em seguida, dá as características negativas da peça. Por exemplo: "Não é vermelha, não é círculo, não é fina, não é azul, não é grande, não é triângulo, não é quadrado". Inicialmente, ela pode usar as cartelas para simbolizar o que diz. A primeira criança a descobrir a peça que o colega esconde vence o jogo. Depois que as crianças tiverem jogado os jogos precedentes com as negações, esta atividade torna-se possível e até fácil. Entretanto, antes disso, ela pode ser bastante difícil, pois exige uma grande capacidade de análise. Percebendo-se alguma dificuldade, é interessante retornar aos jogos anteriores.

Esse jogo pode ser explorado também em relação a outras coisas. Por exemplo, um aluno vai enumerar tudo o que ele não é. Quando comete algum erro, que é percebido pelas outras crianças, passa a vez para o outro. Isto pode se referir também a características da escola, de um carro, da cantina etc. É uma forma interessante de análise, que leva a criança a perceber não o óbvio, o visível, mas aquilo que a coisa não é.

Retornando à questão lógica discutida na página 43, sobre os cachorros e as casas, a criança no período pré-lógico não tem dúvida em afirmar que o número de cachorros ou de casas altera-se quando é alterada a disposição. Faz assim

125

porque apenas consegue perceber o que é visível, isto é, supõe que sempre a linha que é mais longa contém mais elementos. Entretanto, não consegue ainda perceber que há uma compensação provocada por maiores ou menores espaços entre os elementos e que a quantidade não se altera.

Observamos que esses jogos de negação exigem uma construção da flexibilidade que permite à criança desenvolver uma nova visão de mundo. Em lugar de analisar um objeto através das características que ele tem, precisa analisá-lo a partir das características que ele não tem. Isto exige uma ação mental, que leva ao que Piaget chama de operação, isto é, desprende-se da ação física para transformar-se em operação mental. As características que um objeto tem são visíveis; aquelas que ele não tem são uma dedução.

89. Jogo da árvore com negação de espessura, cor, tamanho e forma

Podemos combinar os jogos de negação com os jogos de árvores.

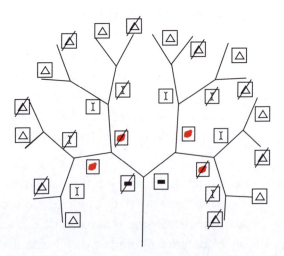

Colocando a cartela ⊄ (não fino) ao lado do galho esquerdo e a cartela — (fino) ao lado do galho direito, todas as peças devem ser colocadas, pois todas são ou finas ou não finas. Vemos, com frequência, as crianças colocarem algumas cartelas, deixando outras de fora. Não se deve reagir dizendo: "Está errado", pois isto bloqueia o raciocínio da criança, mas sim questionar: "E essas peças que ficaram de fora, são finas ou não finas?" A criança pode argumentar que já colocou algumas peças finas e outras não finas; precisamos levá-la a perceber que **toda** peça é uma coisa ou outra; portanto, todas devem ser colocadas: isto é uma constatação lógica. Na próxima bifurcação, ocorre a mesma coisa. Todas as peças são ● (vermelhas) ou ⌀ (não vermelhas). Depois, I (grandes) ou ⌀ (não grandes); por fim, △ (triângulo) ou △̸ (não triângulo). Assim, ao término, todas as peças estão colocadas; entretanto, de um lado há sempre uma pilha grande, enquanto do outro a pilha é pequena.

90. Jogo da árvore com negação de cor, forma, tamanho e espessura

Podemos usar a mesma árvore apenas modificando a sequência das ordens, isto é, em vez de colocar — (fino) e ⊄ (não fino), colocamos ▢ (amarelo) e ⌀ (não amarelo) e assim por diante, o que modifica toda a disposição.

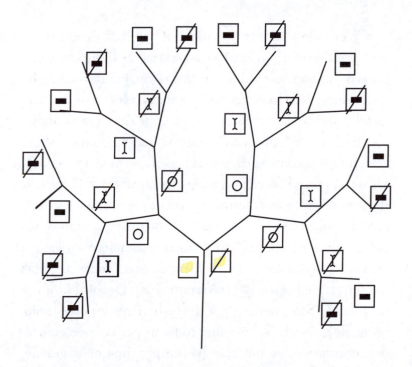

91. Jogo da árvore com ordens ocultas

Quando alguns grupos tiverem condições de trabalhar este tipo de árvore, podemos solicitar que montem uma, colocando as cartelas de ordens; depois que todas as peças estejam colocadas, solicitamos que retirem as cartelas de ordem, substituindo as negativas apenas por cartelas de ~ (não). Em seguida, os grupos trocam de lugar e têm que descobrir quais foram as cartelas que dão origem a essa disposição. Mais uma vez, estamos trabalhando a ordem inversa e estimulando o raciocínio de reversibilidade.

92. Jogo de matriz com negação

Podemos combinar as ordens de negação no quadro de dupla entrada. Várias peças cabem nos quadros; por isso, a matriz deve ter quadros maiores. Podemos usar também quatro caixas para essa atividade. Usamos o sinal com a linha diagonal, que indica o interditado, como nos sinais de trânsito: não amarelo ⧄, não círculo ⦰ etc.

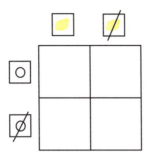

A criança coloca os círculos amarelos e os círculos não amarelos; as formas não circulares amarelas e as formas não circulares não amarelas. Pode acontecer de a criança colocar somente algumas peças. Então, podemos questionar em relação àquelas que ficaram de fora: "Por que ficaram de fora?", "Não podem também ser incluídas nessa classificação?" Afinal, toda peça é amarela ou não amarela, e toda peça é circular ou não circular; não existe outra solução. Entretanto, esta é uma descoberta que ela terá que fazer.

A lógica formal exige a exclusão dos opostos. Algo não pode ser e não ser ao mesmo tempo. Portanto, algo não pode ser amarelo e não amarelo simultaneamente. Da mesma forma, não amarelo é tudo aquilo que é de qualquer cor que não seja amarela. Pode parecer uma afirmação óbvia para o adulto, mas não o é para uma criança. Ela é capaz de colocar uma peça num determinado quadrante e julgar que não poderá colocar outra peça. Terá que descobrir que, no mesmo espaço, podem ser colocadas peças azuis e vermelhas; estas, apesar de serem diferentes entre si, são iguais no fato de serem não amarelas.

129

93. Jogo afirmativo de intersecção (Diagrama de Venn) com dois aros

Inicialmente, colocamos dois aros, de duas cores, sobre o chão, separadamente; sobre cada um deles, um atributo, sendo ambos do mesmo tipo: cor, forma, tamanho ou espessura.

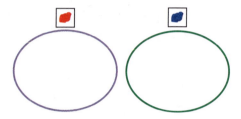

As crianças colocam as peças correspondentes.

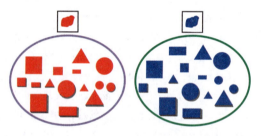

A seguir, retiramos as peças e colocamos outro tipo de atributo.

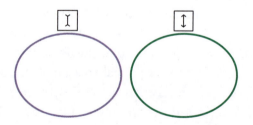

E as crianças colocam as peças.

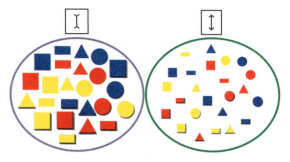

Assim, também, fazemos com o terceiro atributo.

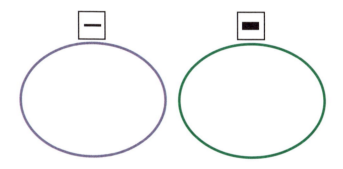

E as crianças colocam as peças.

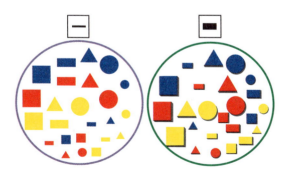

Agora, colocamos, sobre os dois aros, atributos diferentes.

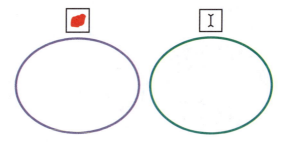

As crianças colocam as peças vermelhas num aro e as grandes no outro; percebem, também, que há peças que são vermelhas e grandes e ficam confusas. Podemos questioná-las: "E as peças grandes, não precisam estar no outro aro?" Possivelmente, elas passem as peças para lá. Aí perguntamos: "E as vermelhas, não precisam estar todas no aro das vermelhas?"

As crianças tentam diferentes soluções: colocar alguns de um lado e alguns de outro, aproximar os aros etc. Este conflito é fundamental para que as crianças possam compreender a solução. Dificilmente têm a ideia de sobrepor os aros. Não devemos ter pressa em apresentar essa solução.

É preciso, primeiro, criar o problema e deixar as crianças tentarem dar soluções. É do conflito que surge o desejo de encontrar uma solução. Se nos adiantarmos seguidamente com a resposta correta, a criança habitua-se a esperá-la do adulto, abstendo-se de investigar. Apenas após algum tempo

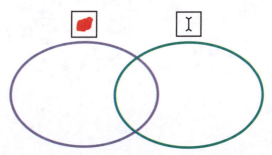

de debate, se as próprias crianças não encontrarem a solução, mostramos esta possibilidade, criando um espaço que pertence tanto ao vermelho como ao grande.

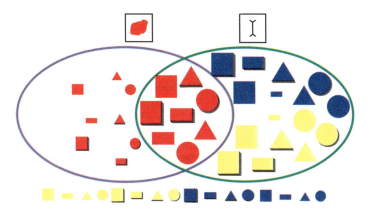

Estas peças que ficam de fora formam o conjunto complementar, pois não são nem vermelhas, nem grandes; também devemos levar as crianças a explicarem este fato.

Muitas outras possibilidades podem ser trabalhadas, sempre com dois tipos de atributos, mostrando-se que certas peças não pertencem nem a um, nem a outro espaço; podendo, então, ficar fora.

Por exemplo:

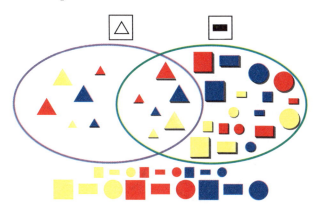

94. Jogo de intersecção com cartelas ocultas

Dividindo as crianças em equipes, cada equipe coloca as peças sobre o diagrama, usando cartões de ordem. Depois, as equipes retiram os cartões de ordem, trocam-se as posições das equipes nas mesas e cada equipe terá que descobrir qual foi a lógica da outra, tentando descobrir quais são as cartelas de sinais que nortearam a disposição.

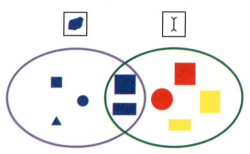

95. Jogo de análise de disposição de peças

Neste exercício, apresentamos as cartelas dos atributos com a face para baixo, e as crianças retiram duas, dispondo uma sobre cada aro, colocando, em seguida, as peças correspondentes. Se as características forem do mesmo grupo, como, por exemplo, grande e pequeno, não haverá intersecção. Se forem diferentes, como fino e vermelho, haverá a sobreposição dos aros. As crianças têm que decidir como colocar as peças.

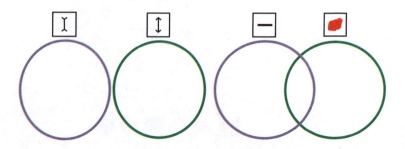

96. Jogo de intersecção com descoberta das cartelas dos atributos

Podemos colocar peças apenas na parte central do diagrama e solicitar às crianças que descubram quais peças vão no aro da direita e quais vão no aro da esquerda, apenas partindo das peças que estão no meio.

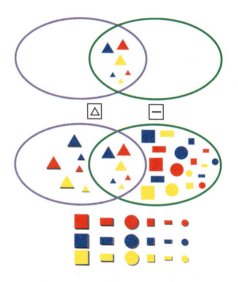

Para montar diagramas deste tipo, basta pensar qual atributo colocaríamos num círculo e qual atributo no outro, mas sem colocá-los; a seguir, colocar as peças da intersecção, sem colocar as demais peças nem as cartelas. Por exemplo, se escolhemos quadrado para um lado e fino para o outro, no meio estarão os quadrados finos. Este tipo de atividade é ideal para ser jogado por várias equipes. Uma prepara o diagrama para a outra, desenha-o para ter um registro; a seguir, retira as peças dos dois aros, deixando apenas as de intersecção. A outra equipe procura descobrir a lógica e, ao completar o diagrama, compara com o registro feito anteriormente pela segunda equipe.

97. Jogo de intersecção com negação

Trabalhar com negação torna a atividade bem mais complexa, e só crianças com raciocínio ágil conseguem resolver essa atividade. Entretanto, vale a pena trabalhar as atividades anteriores até que todas as crianças consigam ter sucesso.

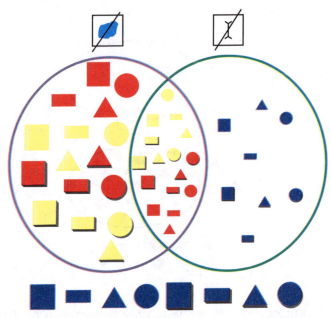

Não azul **implica** que podemos colocar todas as peças que sejam vermelhas ou amarelas. Não grande **implica** que podemos colocar apenas peças pequenas. Entretanto, temos peças não azuis que são, ao mesmo tempo, não grandes; estas têm que ir na intersecção. Temos, ainda, peças que não se encaixam no diagrama, pois são azuis e grandes, e têm que ser excluídas. Pertencem ao conjunto complementar. Mais uma vez, é importante que as crianças expliquem por que essas peças foram excluídas.

98. Jogo de intersecção com duas negações

Uma forma mais complexa de trabalhar com dois aros é usando-se duas negações.

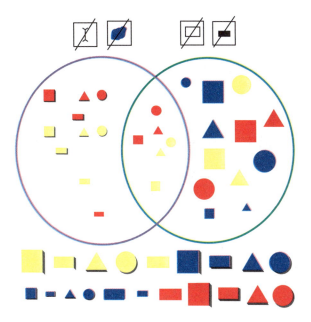

As formas correspondentes ao aro esquerdo são ◌ (não grandes) e ◌ (não azuis). As formas do aro da direita são ◌ (não retângulos) e ▬ (não grossas). Além de colocar as peças, é importante que a criança possa verbalizar, justificando cada decisão logicamente. Essa verbalização faz a criança defrontar-se com as possibilidades e as impossibilidades lógicas inerentes. A justificativa seria, portanto, da forma descrita a seguir.

Ficarão de fora:

Porque é retângulo e grande.

Porque é grande e grosso.

Porque é grande e grosso.

Porque é grande e grosso

Porque é grande, grosso e retângulo.

Porque é grande, azul e retângulo.

Porque é retângulo e azul.

Porque é retângulo, grosso, azul e grande.

Porque é retângulo, grosso e azul.

Porque é grande, azul e grosso.

Porque é grande, azul e grosso.

Porque é grande, azul e grosso.

Porque é azul e grosso.

Porque é azul e grosso.

Porque é azul e grosso

Porque é grande e grosso.

Porque é grande e grosso.

Porque é grande e grosso.

Porque é grande, grosso e retângulo.

Porque é grande e retângulo.

99. Jogo de descoberta da intersecção com negação

Podemos pedir, ainda, que cada equipe coloque duas ordens de negação em cada conjunto, monte o diagrama, tire os cartões de ordens e mude de mesa. Cada equipe tem que descobrir quais foram os cartões de negação que originaram a colocação das peças.

100. Jogo afirmativo de intersecção (Diagrama de Venn) com três aros

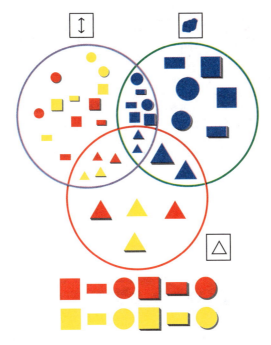

Esse jogo é bastante difícil e só pode ser apresentado se houver um bom domínio dos anteriores.

Após colocadas as peças, podemos questionar: "Quais foram as peças colocadas, quais ficaram de fora?" A resposta implica a afirmação e a negação dos atributos que foram utilizados no diagrama, isto é, dentro estão os azuis, os triângulos e os pequenos e fora os não azuis, os não triângulos e os não pequenos.

139

101. Jogo de intersecção com três aros e análise da mútua exclusão

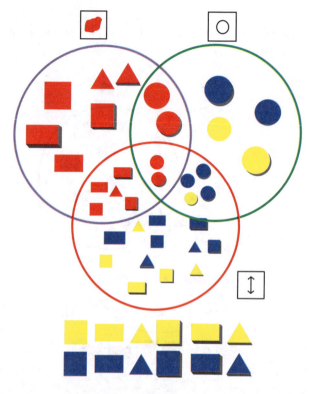

Dentro estão os vermelhos, os círculos e os pequenos; fora, os não vermelhos, os não círculos e os não pequenos. Observe-se que estamos trabalhando o princípio lógico da exclusão: uma coisa é ou não é. É círculo ou não círculo. É grande ou não grande. É vermelho ou não vermelho. Quando falamos no raciocínio pré-lógico da criança, referimo-nos ao pensamento mágico, em que dois opostos podem conviver tranquilamente. A verbalização do princípio da contradição leva nossos pequeninos a descobrirem, aos poucos, que duas coisas não podem ser iguais e contrárias entre si.

102. Jogo de intersecção com três aros e ordens definidas a partir das peças centrais

Também podemos apresentar os círculos com intersecção, mas colocar apenas as peças da intersecção; as crianças têm que descobrir quais as ordens que levam a essa disposição.

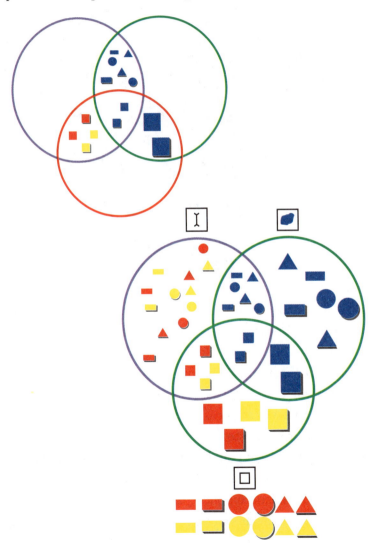

103. Jogo de intersecção com três aros e negação

Se a negação com dois aros já é complexa, com três aros torna-se ainda mais difícil.

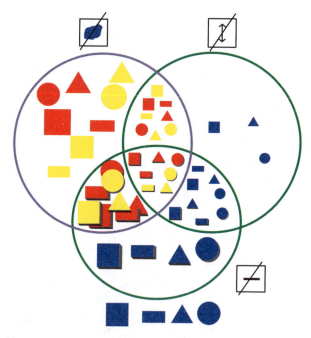

Temos não azul, não grande e não fino. Portanto, as peças entre o não azul e o não grande precisam ser, ao mesmo tempo, não azuis e pequenas. As peças entre o não azul e o não fino precisam ser não azuis e grossas simultaneamente. As peças entre o não grande e o não fino precisam ser pequenas e grossas, e as peças centrais terão que ser não azuis, pequenas e grossas. Isto exige muita reflexão; porém, depois que a criança chega à compreensão de que a negação é a afirmação do contrário, ela consegue resolver a questão. Entretanto, todo cuidado é pouco para apenas orientar a criança através de questionamentos, e não lhe dar as soluções.

Esta atividade exige alto grau de pesquisa, e qualquer pressão para que se apresente rapidamente a solução pode provocar bloqueios.

104. Jogo afirmativo de intersecção (Diagrama de Venn) com quatro aros (colocação das figuras)

Poderíamos continuar a usar círculos, mas eles sobrepõem-se de tal maneira que não permitem o surgimento de campos com tamanho razoável para colocar as peças; por isso, usamos elipses. É aconselhável fazer desenhos grandes, para caber as peças. Essa atividade é bastante difícil, e só crianças que tenham tido sucesso nas atividades anteriores têm condições de resolvê-la. Crianças que se sentem desafiadas e gostam de jogos de raciocínio podem se divertir com essas atividades.

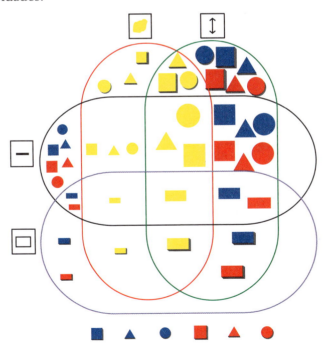

105. Jogo de intersecção com quatro aros e descoberta das cartelas (ordem)

Nessa atividade, as formas estão todas dadas e as crianças têm que descobrir quais foram as ordens que determinam essa disposição. Este exercício exige muita concentração e capacidade de análise.

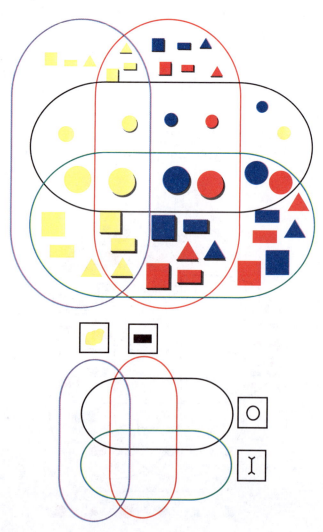

106. Jogo de intersecção com quatro aros ocultos

A proposta deste exercício é montar o diagrama, depois tirar os aros e levar as crianças a recolocarem os aros nos respectivos lugares. Constitui uma atividade extremamente complexa e só pode ser proposta depois que houver segurança absoluta nas anteriores.

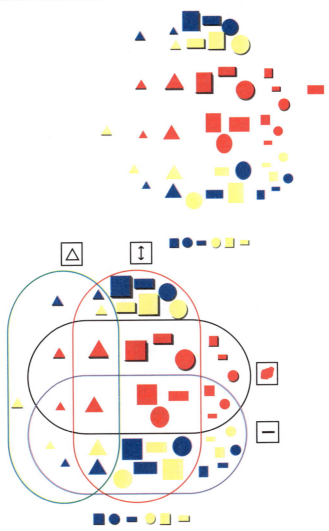

107. Jogo de intersecção com quatro aros e negação

Apresenta mais um dificultador, uma vez que a criança tem que raciocinar com os atributos ao contrário, isto é, não pequeno significa grande, o que estimula intensamente o raciocínio de reversibilidade.

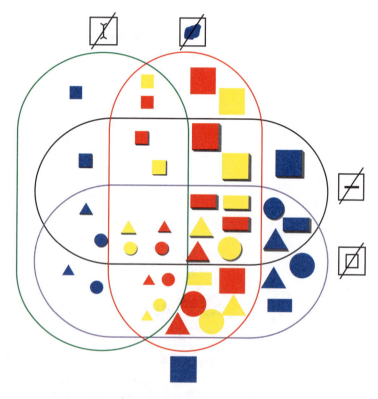

Pode ser jogado de duas maneiras: na primeira, colocamos as cartelas e solicitamos à criança que posicione as figuras correspondentes; na segunda, colocamos as figuras, e a criança tem que justificar por que uma figura fica de fora: "O quadrado grande precisa ficar de fora porque não pode entrar no grupo dos não grandes, dos não azuis, dos não finos e dos não quadrados. Portanto, não há lugar para ele".

108. Jogo de sentença lógica com três ordens

Muitas crianças apresentam grandes dificuldades em resolver expressões matemáticas, ao chegar à quarta e quinta séries. A razão está num nível muito mais baixo, quando a criança deve aprender a interpretar sentenças lógicas. Os Blocos Lógicos dão excelentes oportunidades para que se possa estimular essa aprendizagem.

Podemos começar com sentenças simples.

Vários triângulos podem ser colocados.

109. Jogo de sentença lógica com quatro ordens

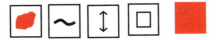

Servem todos os quadrados vermelhos grandes.

110. Jogo de sentença lógica com sete ordens

Esta proposta está fechada. Só serve o círculo amarelo, pequeno e fino.

111. Jogo de sentença lógica com oito ordens

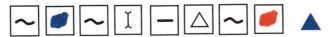

Triângulo pequeno, azul e fino.

112. Jogo de sentença lógica com nove ordens

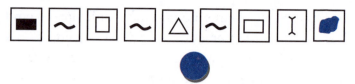

Temos agora um círculo grande, azul e grosso.

113. Jogo de sentença lógica com dez ordens

Isto resulta num triângulo vermelho, fino e pequeno.

114. Jogo de sentença lógica com quatorze ordens

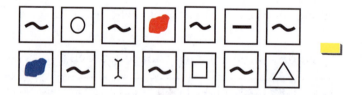

Essa sentença é mais difícil, com uma série de negações. A criança deve analisar a sentença lógica através da ausência dos critérios. A figura resultante é um retângulo, amarelo, grosso e pequeno. Este tipo de atividade prepara para a interpretação de sentenças e de textos; quando a criança começa a ler, primeiro decodifica, para então apreender o sentido da mensagem transmitida. Este tipo de sentença lógica traz uma mensagem; se ela não for compreendida, não leva à descoberta da peça adequada.

115. Jogo de construção de sentença lógica a partir da figura

Dada uma figura, as crianças podem apresentar várias sentenças lógicas que descrevam essa figura.

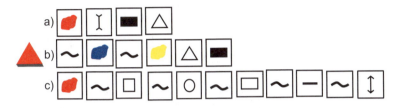

Podemos dividir as crianças em equipes, dar-lhes uma caixa cheia de cartelas de ordens e solicitar que construam o máximo de sentenças que possam imaginar. Depois, as equipes mudam de lugar e conferem as sentenças de outra equipe, para ver se todas estão certas. Quem tiver conseguido formular mais sentenças corretas ganhará o jogo.

Além de desenvolver a capacidade de construir sentenças lógicas, a criança é estimulada a encontrar diversas soluções para uma mesma questão; isto está a serviço da descentração, tão necessária nessa fase. A criança, partindo de seu raciocínio onipotente, imagina que a sua opinião (frequentemente falsa) é a única válida. Por isso, tem dificuldade em interagir e aceitar a opinião de outros. Ao pesquisar diferentes sentenças lógicas, terá a oportunidade de perceber que podem existir ideias diferentes que se referem a um mesmo objeto. Quando esta percepção acontece em tenra idade, amplia a capacidade de investigação futura. A criança aprende mais do que apenas construir sentenças lógicas. Aprende a não se satisfazer com respostas simples.

É importante lembrar que a ação deve vir sempre acompanhada de verbalização, pois é a capacidade de argumentação que possibilita, mais tarde, a passagem para a operação mental.

O pensar de ordem superior pressupõe a autonomia de pensamento. Libera o indivíduo da dependência de pistas dadas por outra pessoa. Leva à autocorreção, pois, como a solução vem do próprio sujeito pensante, também possibilita a revisão.

116. Jogo afirmativo de intersecção com ruas

Este jogo é uma variação do Diagrama de Venn. Para algumas crianças, pode parecer mais fácil por ser mais concreto. Colocamos as indicações nas ruas. Uma rua é a dos vermelhos, a outra dos triângulos. Cada criança pega uma peça de um saco e analisa: vermelha não triângulo vai para a rua dos vermelhos; triângulo não vermelho vai para a via dos triângulos. Triângulos vermelhos podem ficar no cruzamento, e as peças não vermelhas e não triângulos vão para o estacionamento.

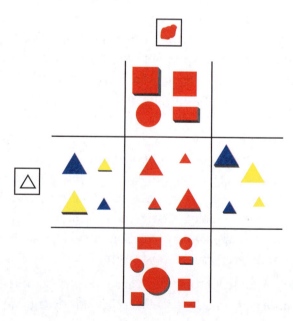

As crianças devem analisar também as peças que ficam de fora, isto é, o conjunto complementar. Por que estas peças foram para o estacionamento?

O jogo pode ser explorado com os diversos critérios, só se mudando as cartelas que determinam as ruas.

117. Jogo de intersecção com ruas, determinadas pelas peças centrais

As peças centrais estão dadas e as crianças têm que descobrir quais as características que regem essas ruas.

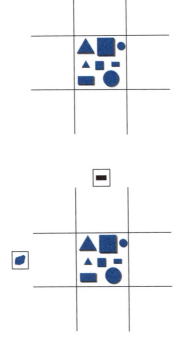

118. Jogo de intersecção com ruas e negação

Este exercício propõe uma rua com cartões de negação.

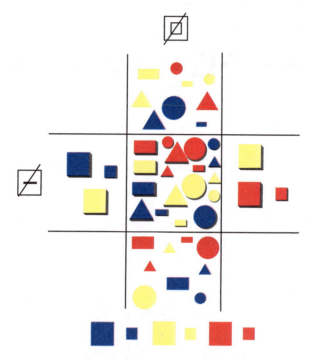

Aqui só ficam de fora os quadrados finos.

Novamente a negação vai exigir um alto grau de reversibilidade, pois requer da criança um raciocínio inverso, isto é, ela terá que posicionar as figuras segundo características que elas não têm. Isto leva ao pensamento crítico e criativo, características do pensamento de ordem superior, que permite, pela sua autonomia, a autocorreção. Descobrindo uma estrutura, não visível num primeiro plano, a criança é capaz de transformar algo aparentemente sem sentido em algo com sentido. Um ambiente que estimula o esforço de descoberta leva à compreensão, em detrimento do simples acúmulo de habilidades.

119. Jogo de transformação simples com número restrito de figuras

As crianças já conhecem os diversos atributos. Em atividades anteriores, foram feitos exercícios de cópias. Agora, sugerimos que cada peça colocada corresponda a outra peça, modificada segundo uma regra pré-fixada. Em torno dos seis anos, a criança está construindo a conservação de quantidade, isto é, ela precisa concretizar que uma quantidade é sempre igual a ela mesma, independente das modificações espaciais a que ela é submetida.

Para que essa construção se dê adequadamente é fundamental que sejam desenvolvidas muitas atividades de correspondência termo a termo, ou seja, correspondência biunívoca. Observamos muitas crianças, que, ao iniciarem as operações matemáticas de adição e subtração, precisam contar os dedos a cada nova operação. Por exemplo, ao somar 5 + 3, a criança conta os cinco dedos de uma mão e os três dedos de outra. Tendo que somar em seguida 5 + 2, ela volta a contar os mesmos cinco dedos, por mais que reflitamos com ela que uma mão tem sempre cinco dedos.

Qual é a razão para isso? Para compreender as relações de quantidade é preciso que a criança construa o raciocínio de identidade, isto é, perceba que, quando reparte um chocolate em três pedaços, não passa a ter mais do que quando tinha o chocolate inteiro. Se toma o refrigerante no copo, não há menos do que havia quando este estava na garrafa (caso tenha esvaziado a garrafa no copo) etc. Este é um raciocínio lógico; ele ainda é muito difícil para uma criança que funciona num pensamento pré-lógico. Os jogos de transformação são muito ricos para permitirem à criança a construção da igualdade.

Colocamos uma cartela ▣(vermelha), uma cartela de flecha ▣ e outra cartela ▣ (azul). Isto significa que a cada peça vermelha corresponde uma peça idêntica, mas azul. Não são transformados o tamanho, a forma e a espessura, pois não há cartelas de atributos para essas características.

Esta atividade é mais rica que uma simples cópia, pois exige da criança um trabalho de análise, antes de fazer a modificação mentalmente.

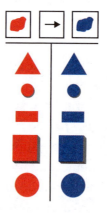

Uma criança recebe as peças vermelhas; a outra, as azuis. Inicialmente, até entenderem a atividade, é aconselhável que recebam o número certo de peças. A primeira criança coloca uma peça azul, outra criança coloca a peça correspondente em vermelho e assim por diante, até acabarem as peças.

Pode acontecer de a criança colocar uma peça errada. O adulto deve evitar interferir, a não ser que a primeira criança perceba o erro e o discuta com a segunda; neste caso, talvez seja necessário intermediar. Se isso não ocorrer, vai surgir o momento em que a peça correspondente a uma nova peça falte, uma vez que já foi colocada. Neste momento, é possível que ambas as crianças percebam o erro. Se, ao final, isto não tiver acontecido, o adulto pode questionar, levando as crianças a refletirem sobre as razões da colocação, evitando apontar o erro. É fundamental que a criança desenvolva autonomia e capacidade de análise; toda vez que um adulto dá a ela uma solução pronta, isto a leva a colocar-se numa relação de dependência com o adulto, impedindo-a de pensar.

120. Jogo de transformação simples com qualquer número de peças

Muitas outras transformações podem ser sugeridas pela própria criança. Quando ela compreender a atividade, pode ter acesso a todas as peças e colocar peças segundo sua escolha, desde que obedecida a ordem inicial.

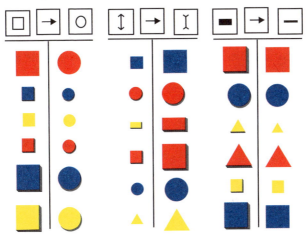

Nessas transformações, muda apenas o critério solicitado; os outros mantêm-se inalterados.

121. Jogo da descoberta do critério de transformação

Uma equipe coloca as peças, sem dar a ordem; a outra equipe tem que descobrir qual é a ordem, completando com as cartelas correspondentes e dando continuidade ao jogo.

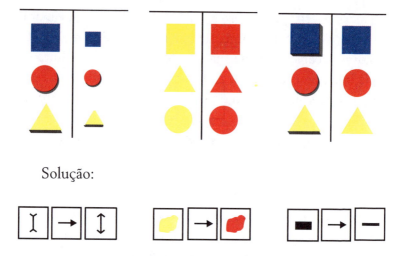

Solução:

122. Jogo de transformação de dupla via com cor

À medida que a criança demonstre segurança em relação às transformações simples, podemos torná-las mais complexas. Por exemplo:

Isto significa: onde há uma peça amarela, esta é substituída por outra vermelha; onde há uma vermelha, esta é substituída por uma amarela. Como em relação à azul nada consta, ela não é alterada.

123. Jogo de transformação de dupla via com espessura

O mesmo tipo de jogo pode ser desenvolvido, fazendo-se a transformação de fino para grosso e de grosso para fino:

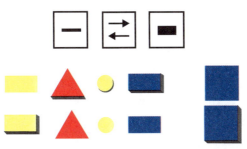

Uma criança tem que colocar uma figura qualquer, e uma outra procura uma figura idêntica, só variando a espessura. Isto é, se for colocada uma peça fina, a ela corresponde outra grossa e vice-versa.

124. Jogo com diferentes transformações de cor

Podemos aumentar o nível de dificuldade, modificando todas as cores. A cartela de ordem fica como segue.

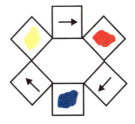

O que é azul fica amarelo. O que é amarelo fica vermelho. O que é vermelho fica azul.

Existem várias maneiras de se jogar este jogo:

a) As peças são distribuídas: as grandes para um jogador e as pequenas para outro. Os jogadores fazem a correspondência: para cada figura grande, uma pequena, mas mantêm a espessura e fazem a transformação das cores.

b) As peças são distribuídas: as finas para um jogador e as grossas para outro. Os jogadores fazem corresponder os respectivos tamanhos e fazem a transformação das cores; porém, colocam, para cada peça fina, uma grossa.

c) As peças são distribuídas aleatoriamente, e os jogadores devem fazer corresponder todas as características, fazendo a transformação das cores.

125. Jogo com diferentes transformações de forma

O mesmo jogo poderá ser desenvolvido fazendo-se as transformações em relação à forma.

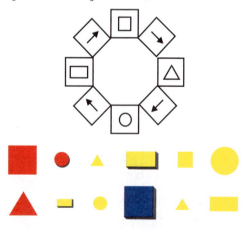

A distribuição pode seguir as sugestões do jogo número 124.

Estes jogos podem ser variados de muitas formas, como nos exemplos a seguir.

126. Jogo com várias transformações

De vermelho para azul.
De círculo para quadrado.
De pequeno para grande.

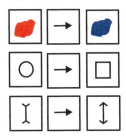

O restante não sofre alteração. O resultado fica como o apresentado a seguir.

Neste tipo de jogo é possível que faltem peças e seja necessário tomar de empréstimo de outro jogo. Entretanto, a flexibilização de raciocínio que se atinge ao solicitar essas transformações é excepcional e será de grande valia, futuramente, quando a criança tiver que procurar soluções intuitivas na resolução de problemas matemáticos.

127. Jogo de transformação em sequência

Podemos ainda formar várias equipes e dar diferentes ordens a cada equipe. A primeira recebe uma sequência de blocos grandes e grossos e altera de vermelho para amarelo; a segunda, de grande para pequeno; a terceira, de amarelo para azul, a quarta, de grosso para fino, observando-se a diferença ocorrida da primeira sequência até a última.

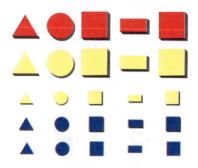

128. Jogo de transformação, segundo diversas consignas simultâneas

Podemos tornar ainda mais complexo esse jogo, fazendo transformações simultâneas de todos os atributos. Entretanto, não são todas as crianças que alcançam êxito nesse tipo de exercício. Este material não serve apenas para trabalhar com crianças pequenas; muitas vezes, necessitamos trabalhar com adolescentes ou até com adultos que apresentam rigidez de raciocínio. Para estes, torna-se interessante dispormos de atividades mais complexas. Como exemplo, teríamos a sequência abaixo.

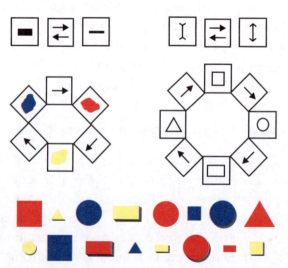

129. Jogo do criptomapa

Dienes, em conferências pronunciadas na Alemanha, apresentou sugestões de atividades baseadas em diagrama que indica as transformações a serem feitas. Este diagrama é bastante complexo. A criança deve descobrir as peças que podem ocupar as posições marcadas com círculos. Duas linhas entre os círculos correspondem a duas modificações; três linhas, a três modificações. As peças devem corresponder às características em todas as direções. É um bom exercício de pesquisa para ser resolvido em equipe.

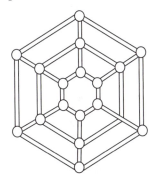

130. Jogo de descoberta de critérios de transformação

Todos os jogos de transformação podem trazer consigo o seu inverso. Isto é, depois de montada uma sequência, retiramos os cartões de ordens, e uma criança que não participou do jogo tem que descobrir quais foram os cartões de ordens que deram origem às mudanças. Isto pode ser relativamente fácil em relação aos exercícios iniciais, nos quais havia poucas mudanças, mas se torna cada vez mais difícil quando aumenta o número de transformações.

Esses são os cartões que a criança tem que descobrir:

Lembremos que inverter mentalmente uma situação é uma operação praticamente impossível para a criança no período pré-lógico, mas que se torna possível à medida que a criança se aproxima do período lógico. Ora, sabemos que essa passagem do pré-lógico para o lógico só se dá através da estimulação, através do mediador e de materiais adequados. Isto justifica a importância de propiciarmos às crianças muitos exercícios que possibilitem a inversão, principalmente na fase pré-escolar.

131. Jogo de cópia de figuras

A cópia é muito importante. Além de estimular o trabalho com a geometria, prepara a criança para atividades futuras, quando terá que fazer cópias de letras e números. Ela propicia o desenvolvimento da atenção para a "Gestalt" da figura. Formamos uma configuração com peças de Blocos Lógicos e solicitamos à criança que a copie com blocos idênticos, de outro jogo.

Pode-se pedir que uma equipe monte uma figura e outra equipe a copie.

A vantagem de atividades deste tipo sobre materiais mimeografados é que, ao mesmo tempo em que se estimula a estrutura de análise do modelo e de sua reprodução, trabalha-se a capacidade de investigação e experimentação; ao colocar fisicamente cada peça, é possível analisar, comparar, avaliar e mudar a solução, se for constatado que não está adequada. Devemos sempre lembrar da importância do agir nesta fase do desenvolvimento.

132. Jogo de transformação de figura, seguindo um critério

Colocamos uma ordem de transformação; por exemplo, de grande para pequeno, e a criança faz a reprodução, com a devida transformação. Como os demais critérios não foram mencionados, não são alterados.

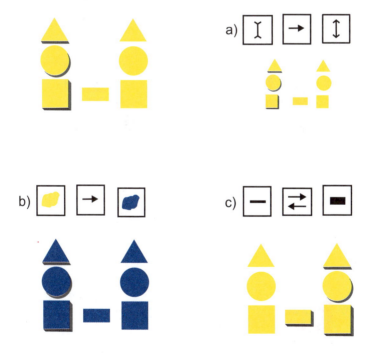

Muitas figuras podem ser criadas e transformadas com as diversas cartelas de ordens.

133. Jogo de transformação de cor com peças grandes e pequenas

Interessante é o jogo da comparação das locomotivas, proposto por Kothe (1977), em que são usadas peças grandes e pequenas simultaneamente. Nesta atividade é pedida apenas a transformação de cores.

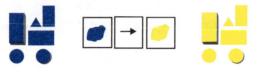

134. Jogo de transformação de cor com peças grandes e pequenas, em dupla via

Inserindo outras cartelas de ordens, modifica-se totalmente a configuração inicial.

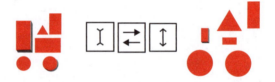

135. Jogo de transformação com diversos critérios e dupla via

Com várias mudanças de ordens, a figura é modificada totalmente.

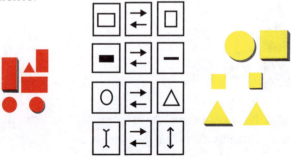

Essas atividades de transformação devem ser iniciadas de forma bastante simples, respeitando-se a capacidade da criança. À medida que compreenda como se dão as transformações, pode-se aumentar o grau de dificuldade. A criança precisa se sentir desafiada; porém, é preciso ter o cuidado de não exigir dela um desempenho do qual ainda não é capaz. Pretende-se atingir a autonomia, a capacidade reflexiva e a segurança do agir, e isto só é possível se a criança, gradativamente, tiver experiências de sucesso. As atividades de transformação exigem elaborações construtivas que constituem situações desafiadoras e altamente motivadoras para a criança, sedenta por novas descobertas.

136. Jogo de transformação, formando figuras

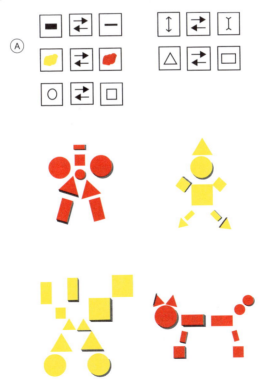

São dadas à criança figuras disformes com o respectivo código de sinais, de tal forma que, quando tranformadas todas as figuras, a "Gestalt" final passa a ser uma figura reconhecível.

Este jogo é muito divertido e deve-se estimular as crianças a desenvolver outros, fazendo uso de sua criatividade e solicitando, posteriormente, que outro grupo decifre sua figura.

137. Jogo de transformação de figura para figura

Este exercício propõe uma transformação de uma figura em outra figura; para isso, basta que as crianças sigam as indicações. Este trabalho também pode ser realizado com duas equipes. Partindo-se de figuras contrárias e usando-se as indicações inversas, uma equipe pode chegar ao resultado da outra.

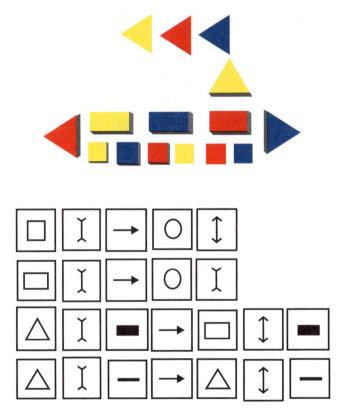

A partir dessas configurações, as crianças podem criar suas próprias e desenvolver códigos de modificações através das cartelas de ordens. Além de um trabalho de raciocínio, é um excelente trabalho de criatividade.

138. Jogo de charada simples

Uma equipe escolhe uma peça. Depois disso, vai colocando as cartelas de transformação; no final, coloca a peça decorrente. Esta, então, é guardada dentro de um saco. A outra equipe tem que seguir o caminho, tentando descobrir que peça está dentro do saco. A equipe que acertar marcará um ponto. Por exemplo:

A equipe 1 mostra o triângulo vermelho grande grosso, e a equipe 2 tem que encontrar a peça escondida, que é o retângulo, amarelo, pequeno e fino.

Podemos desenvolver esse jogo em dois níveis de dificuldade:

Nível 1 – as crianças podem pegar a peça correspondente a cada modificação;

Nível 2 – as crianças têm que fazer as modificações mentalmente, sem manipular as peças.

139. Jogo de charada rápida

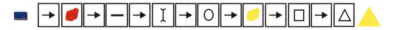

Este jogo é igual ao anterior, mas a sequência é montada por equipes nas mesas; no final, escondem a peça, que é o resultado. Depois, as equipes trocam de mesa para procurar as peças da equipe contrária. Quem descobrir a peça primeiro marcará ponto.

O jogo em equipe é muito rico, pois propicia a socialização e estimula o uso da linguagem, a qual se amplia e enriquece porque existem trocas verbais.

140. Jogo da batalha

Todas as peças são colocadas num saco. Cada jogador tira três peças e as coloca na sua metade do círculo. A seguir, um jogador tira uma peça e coloca no meio do círculo. Começa, então, a batalha: o primeiro jogador escolhe uma peça e a compara com a peça central, verificando quantas semelhanças tem; o segundo, pega uma peça das suas e também a compara com a peça central, verificando quantas semelhanças tem. Aquele que conseguir o maior número de semelhanças ficará com as duas peças. Assim é feito até acabarem as três peças de cada lado. A peça central é devolvida ao saco, e cada jogador volta a retirar três peças, mais uma para colocar no lugar central. A batalha continua até terminarem as peças. Ao final, quem conseguir mais peças vence o jogo. É importante prestar atenção na ordem das peças a serem utilizadas; dependendo disto, as estratégias modificam-se. Se houver empate, na última confrontação, em relação a uma dupla de peças, essas continuam sobre o tabuleiro, pegam-se outras três peças e substitui-se a peça central.

Esse jogo exige um raciocínio de estratégias. Inicialmente, é possível que a criança jogue sem pensar, usando qualquer peça para enfrentar o adversário. Aos poucos, começa a descobrir que pode analisar as peças quanto às suas características e fazer escolhas, que lhe tragam vantagens. Assim, a criança desafiada aprende a evitar formulações simplistas.

Sente-se estimulada por aquilo que é complicado e difícil, o que fortalece sua capacidade para reconhecer e solucionar problemas.

141. Jogo de construção de prédios com atributo cor

Nesse tipo de atividade, as crianças também jogam com aros, como nos Diagramas de Venn, mas com uma mesma classe de atributos. Isto gera construções. Por exemplo, trabalham apenas com as cores: vermelho, amarelo e azul; devem colocar as peças vermelhas no aro das vermelhas, as amarelas no aro das amarelas e as azuis constituem o conjunto complementar.

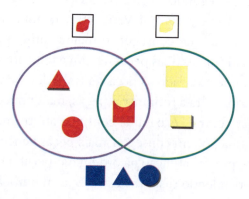

Quando sobrepomos os aros, criamos espaços para as construções com duas cores de figuras. Com dois critérios diferentes, não temos uma peça vermelha e azul ao mesmo tempo.

As peças são colocadas num saco. Cada criança, na sua vez, tira duas peças do saco. Se pegar uma azul e uma vermelha, por exemplo, deixa a azul de fora e coloca a vermelha na área das vermelhas. Se, entretanto, retirar uma vermelha e uma amarela, poderá construir um prédio na região central, comum às duas cores. Sempre que isso ocorrer, poderá construir mais andares em seu prédio. Aquela que construir o prédio mais alto vencerá o jogo.

Podemos construir casas e apartamentos com vários andares e duas cores, assim como há áreas onde as construções são apenas de um andar e de uma cor.

142. Jogo de construção de cidades com atributo cor e fichas

Cada criança recebe fichas de uma cor. As casas de uma cor podem ter apenas um andar; as casas coloridas devem ter três. As peças são colocadas num saco; na sua vez, cada criança tira uma peça do saco e coloca no lugar devido, identificando-a com uma de suas fichas. Se retirar uma peça que não tenha a ordem correspondente, perderá a vez. As casas com uma peça ficam nos lados direito e esquerdo. Quando a criança adquirir três peças (uma de uma cor e duas de outra cor), poderá construir um prédio no meio (na intersecção), marcando-a com sua ficha. Ao final do jogo, quem tiver mais casas completas, identificadas com suas fichas, ganhará o jogo. Outras regras podem ser criadas pelas crianças para diversificar os jogos.

É sempre importante verbalizar sobre o motivo daquelas peças estarem nos respectivos lugares e de certas peças não poderem ser utilizadas, fazendo-se novamente uso da negação: "não vermelho", "não azul".

143. Jogo de construção de cidades com atributo forma e fichas

O mesmo jogo pode ser jogado com o atributo forma.

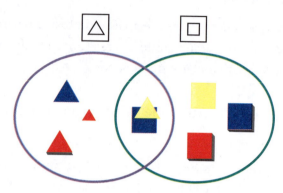

A mudança de critérios propicia a flexibilização do raciocínio, pois a criança precisa abrir mão de algo que lhe deu segurança e analisar a mesma situação a partir de outro ponto de vista.

144. Jogo de construção de cidades com três aros

Podemos trabalhar também com três aros, usando as três cores, ou três formas, fazendo as construções nos respectivos campos.

Cada criança, na sua vez, retira uma peça do saco e coloca-a no campo correspondente, marcando-a com sua ficha. Quando tiver duas peças de cores diferentes, poderá passá-las para a devida intersecção, construindo um prédio de dois andares, que é marcado com sua ficha. Ao conseguir uma peça na terceira cor, poderá mudar o prédio, agora de três andares, para o centro. Será vencedor quem tiver mais prédios na comparação 3 a 3 e 2 a 2.

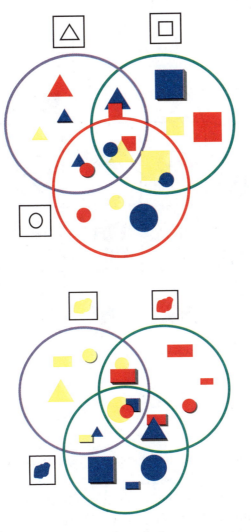

145. Jogo de construção de cidades com quatro aros

Mais uma vez, usamos elipses em lugar de círculos, para poder aumentar os campos disponíveis. O jogo desenvolve-se como o anterior; porém, nesta modalidade, os prédios podem ter até quatro andares.

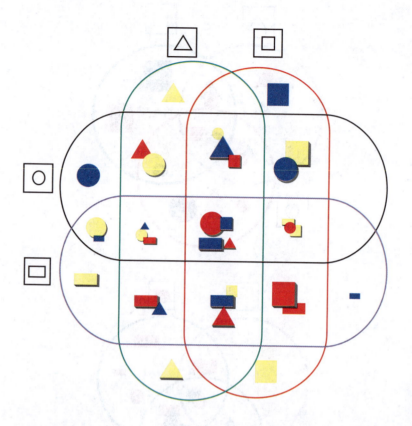

Atividades deste tipo exigem uma capacidade razoável de abstração. Pensar consiste em descobrir ou fazer associações que formam relacionamentos. Os critérios utilizados são semelhanças e diferenças. Cada esquema de classificação determina relacionamentos formais. O conhecimento é logicamente organizado, e a criança precisa aprender a procurar essa organização para que não aceite nenhuma afirmação sem provas, nenhuma explicação sem argumentos e nenhum julgamento sem critérios.

146. Jogo de construção de cidades com campos delimitados por formas geométricas

Uma outra forma, sugerida por Dienes, para possibilitar as construções, é substituir os aros pelas formas geométricas, criando campos para cada figura e para as figuras em forma de construções, quando há superposições.

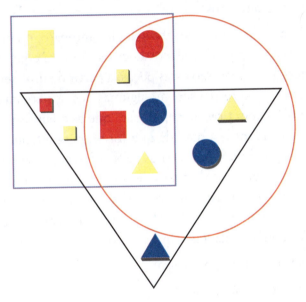

Onde há uma superposição de quadrado e triângulo, podem ser feitas construções de quadrados e triângulos; onde há superposição de quadrado, triângulo e círculo, este campo pode ser ocupado por essas três formas. O jogo desenvolve-se da mesma forma, marcando-se os prédios com fichas. No campo onde há superposição de duas formas, os prédios podem ser de dois andares; onde há superposição de três formas, pode-se construir prédios de três andares.

Estimula-se a percepção figura-fundo, e a criança terá que perceber se há alguma superposição e se está entre duas ou entre três formas. A superposição implica diferentes critérios, que precisam ser descobertos.

147. Jogo de senha

O jogo de senha é uma atividade muito rica, mas bastante difícil; é provável que só possa ser desenvolvida por crianças após os oito anos.

Uma equipe esconde, atrás de um anteparo, quatro peças de um conjunto de Blocos Lógicos. A outra equipe tem que descobrir quais são essas peças, a partir de uma série de perguntas. Sugere-se escrever algumas dessas perguntas (as mais óbvias) em tiras de papel, para que as crianças possam colocá-las na mesa à medida que forem perguntando, bem como disponibilizar outras tiras para escrever perguntas não previstas. Além disso, devem dispor das cartelas de atributos. E cartelas com os números de 1 a 4. A outra equipe deve ter cartelas com números de 1 a 4, as cartelas de atributos e cartelas com as palavras "sim" e "não".

As frases já propostas são:

Existem peças grandes?

Existem peças pequenas?

Existem peças finas?

Existem peças grossas?

Existem peças vermelhas?

Existem peças azuis?

Existem peças amarelas?

Existem triângulos?

Existem quadrados?

Existem círculos?

Existem retângulos?

A partir de então, as crianças devem escrever as demais perguntas, pois dependem das respostas das anteriores.

Por exemplo:

A equipe A escondeu 4 peças, a equipe B tentará descobrir quais são e começará a fazer as perguntas:

Existem peças grossas? _____ ⊟

Duas. _____ 2

Existem peças azuis? _____ 🔵

Uma. _____ 1

Existem peças vermelhas? _____ 🔴

Não. _____ ⬱

(Tiram-se as vermelhas.)

Existem peças grandes? _____ I

Duas. _____ 2

(Mantêm-se as peças grandes e pequenas.)

Existem triângulos? _____ △

Dois. _____ 2

(Mantêm-se os triângulos.)

Existem quadrados? _____ □

Um. _____ 1

(Mantêm-se os quadrados.)

Existem retângulos? _____ ▭

Não. _____ ⬱

(Os retângulos podem ser retirados.)

A partir daí, a primeira equipe pode organizar suas cartelas de atributos.

Se duas peças são grossas, significa que duas são finas. _____ □─ □2

Se uma é azul e não há vermelha, significa que as outras três são amarelas. _____ □ □3

Se duas são grandes, as outras duas são pequenas._____ □↕ □2

Se há dois triângulos, um quadrado e nenhum retângulo, significa que há um círculo._____ □O □1

Começa-se, então, a organizar as perguntas.

O círculo é azul? _____ □O □●

Não. _____ □⌀

Então, é amarelo, pois só há ainda amarelo._____ □

O círculo é grande?_____ □O □I

Sim. _____ □⌀

(Retiram-se os pequenos.)

O círculo é fino? _____ □O □─

Sim. _____ □⌀

(Retiram-se os grossos.)

Temos, então, a primeira peça: um círculo amarelo, grande e fino.

O quadrado é grande?_____ □□ □I

Sim. _____ □⌀

(Retiram-se os pequenos.)

É fino? _____ ☐ ▬
Sim. _____ ⌀
(Retiram-se os grossos.)
É azul? _____ ☐ ◼
Sim. _____ ⌀ ⌀
Sabemos que a segunda peça é um quadrado azul, fino e grande.

O próximo triângulo tem que ser amarelo e pequeno, pois já temos duas peças grandes e uma azul.

Ele é fino? _____ △ ▬
Não. _____ ⌀
Então, é um triângulo pequeno, amarelo e grosso.

A última é um triângulo amarelo, pequeno e fino.

Atividades desse tipo exigem um raciocínio lógico muito apurado. Para poder pensar de forma tão precisa é preciso que a criança tenha sido trabalhada desde os exercícios muito simples, descritos no início do livro.

Não importa a idade cronológica da criança, pois ela não fornece garantia alguma de desenvolvimento do raciocínio. Este só se dá através de uma mediação adequada. A criança que tenha sofrido falhas na interação mediadora não terá desenvolvido a capacidade de raciocínio compatível com seu potencial. Precisamos, pois, analisar em que nível de raciocínio se encontra e iniciar a estimulação a partir deste ponto. Quanto mais cedo houver essa intervenção, maiores serão as chances de ela atingir um raciocínio flexível, em virtude da plasticidade cerebral. Isto justifica a necessidade de os educadores que atuam em creches serem muito bem preparados, pois deles depende, em grande parte, o desenvolvimento posterior do indivíduo.

148. Jogo com pistas simples

Essa atividade necessita de algum preparo. Primeiramente, precisamos confeccionar uma matriz de 3 quadros x 4 quadros, em cartolina, para que as crianças possam colocar as peças, que forem descobrindo através das cartelas-pista. Em seguida, preparar as cartelas-pista seguindo o exemplo.

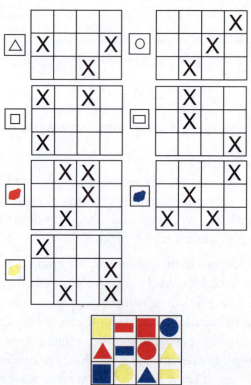

São separadas para essa atividade apenas as cartelas pequenas e finas.

No primeiro nível de dificuldade, a criança recebe, numa folha, sete cartelas-pista: quatro com as formas (quadrado, retângulo, círculo e triângulo) e três com as cores (vermelho, azul e amarelo). Todos os atributos que as peças apresentam estão registrados: cada X significa que, na sua cartela, ainda vazia, a criança coloca uma peça que tenha o atributo indicado na cartela. As crianças têm que analisar, simultaneamente, as cartelas para descobrir o lugar onde colocar a peça. O ideal é desenhar também a cartela-resposta, para que as crianças possam conferir no final se acertaram todo o posicionamento.

Aqui são necessárias noções sólidas dos princípios lógicos de exclusão mútua e implicação. Por exemplo, se num determinado lugar é posicionado um quadrado, isto exclui a possibilidade de colocar um círculo, quadrado ou retângulo. Se numa posição não é possível colocar peças vermelhas, isto implica que a peça terá que ser azul ou amarela. E assim por diante.

À medida que as crianças praticam este tipo de jogo, observamos uma melhor possibilidade antecipatória; consequentemente, uma redução de tateamentos. Em pouco tempo, conseguem perceber qual é a peça que, por seus atributos, preenche as diferentes posições.

É preciso dar especial atenção ao papel do mediador. Este não deve se adiantar, fornecendo respostas prontas, o que impede a criança de usar seu raciocínio. Precisa acompanhar o trajeto de análise que a criança faz, os obstáculos que enfrenta e observar se o caminho que escolheu é o adequado e, quando não, levá-la a pensar até que descubra a solução. É desejável que a criança possa refletir sobre qual é a resposta, em vez de perguntar: "O que devo fazer?"

Os debates devem ser feitos oralmente, levando as crianças a desenvolverem sua capacidade de verbalizar, pois é a riqueza da linguagem que permitirá uma ampliação da qualidade de raciocínio.

Acompanhando sistematicamente os progressos das crianças, o mediador terá uma forma rica e consistente de avaliá-las, sem que tenha que fazer isto formalmente.

149. Jogo com pistas e implicação

Num segundo nível de dificuldade, apresentamos apenas seis cartelas-pista: três de formas e três de cores. As crianças têm que descobrir a quarta característica por exclusão: "Se não é triângulo, não é círculo, não é quadrado, então é retângulo". Volta-se a explorar o conceito de **implicação**.

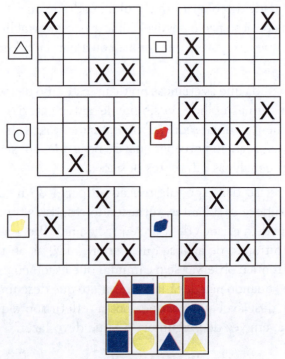

Sabemos que a noção de implicação só pode existir dentro do raciocínio lógico formal. Portanto, este tipo de atividade só pode ser trabalhado com crianças que já atingiram o pensamento lógico.

150. Jogo com pistas e descoberta por exclusão

As crianças recebem a cartela em branco e cinco cartelas-pista. Nem todos os atributos estão marcados, mas os que não estão nas cartelas-pista podem ser descobertos por exclusão. Elas têm que analisar as pistas das diversas cartelas e conseguir colocar as peças nos lugares indicados. Se várias equipes estiverem desenvolvendo a mesma atividade, podem comparar se o resultado final ficou igual.

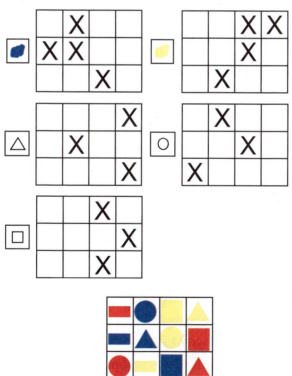

É fácil construir outros jogos deste tipo. Basta dispor as peças na matriz e depois registrar os atributos em várias cartelas. Em cada cartela, registra-se apenas um tipo de atributo. Juntando as cartelas, a criança terá que descobrir a forma de colocar as peças sobre a matriz.

Conclusão

Os exercícios apresentados originaram-se da pesquisa bibliográfica, do seu uso com crianças na prática, da apresentação em cursos e dos debates concomitantes, como também da experimentação com pessoas queridas que se dispunham a "brincar" comigo. Talvez meu grande mérito seja ter conservado uma influência marcante de minha própria infância: coloco-me junto da criança, como se fosse uma criança. Os problemas que elas colocam, e que a maioria dos adultos recebe com a perspectiva de adulto e assim tenta resolver, procuro ouvir como criança e detecto dificuldades surgidas em função do desenvolvimento da própria ciência, que esqueceu e afastou-se de suas origens.

Nessa busca de respeito e de solução dos graves problemas existentes na educação atual, é importante colocar em primeiro plano a criança, e não a metodologia, tendo como meta desenvolver a sua capacidade de iniciativa e de transformação, possibilitando-lhe quebrar a rigidez de pensamento que se dá pela simples transmissão de conteúdos.

Sou grata às pessoas que aceitaram "brincar" comigo, apresentando inúmeras críticas e sugestões. Incluem-se aí meu marido, meus filhos e meu irmão. Este, como especialista em informática, talvez o mais entusiasmado, por visualizar a importância da vivência de tais exercícios na fase da infância, com o intuito de favorecer que, na idade adulta, o indivíduo possa apresentar as características tão necessárias ao complexo exercício de criar sistemas de acordo com uma série de pré-requisitos dados. Muitas e muitas vezes, exclamou: "É isto que os programadores precisariam fazer! Exercitando-se dessa maneira, não cometeriam erros tão primitivos que chegam a comprometer todo um programa! Precisamos de instrumentos e técnicas na educação que levem a um raciocínio necessário para o momento atual!"

Observando que ele, profissionalmente, interage com as pessoas no momento em que estas devem colocar em prática toda a capacidade de pensar que vieram acumulando desde a infância, constatei que, enquanto eu atuo com uma ponta da linha – a infância, ele trabalha com a outra ponta – o indivíduo adulto, capaz de desenvolver um processo de raciocínio lógico. Disto surge uma comparação interessante. Sabendo de seu espírito investigador, solicitei-lhe que escrevesse sobre o caminho que o homem trilhou até chegar à informática e o que lhe é exigido, atualmente, em termos de raciocínio para poder desempenhar adequadamente as funções que dele são esperadas.

Atendendo a este pedido, surgiu o presente texto por ele produzido. Parece-me, pois, ideal para o encerramento deste trabalho, que nos possibilitou estarmos juntos, unirmos esforços e caminharmos rumo à concretização de um sonho, que é facilitar à criança o acesso ao pensar, bem como fazer uma escola em que o prazer de educar ande de mãos dadas com o prazer de descobrir e de criar. O indivíduo é uma fonte inesgotável de criatividade, e sempre que favorecemos seu desenvolvimento, enriquecemos o mundo de amor e de alegria de viver.

Elise Freinet, citando Celestin Freinet, seu esposo, escreve:

> [...] a criança, a quem são proporcionadas atividades que correspondem às suas necessidades físicas e psíquicas, é sempre disciplinada, isto é, não precisa nem de regras, nem de obrigações impostas de fora para trabalhar ou submeter-se à lei do esforço coletivo. Podemos afirmar que, se estivéssemos à altura de oferecer aos alunos a possibilidade de trabalhar de acordo com as suas necessidades e com os seus gostos, poderíamos ter de intervir para organizar o trabalho e a atividade da nossa comunidade, mas todos os problemas corriqueiros da disciplina escolar não teriam mais razão para existir (FREINET, 1978: 54).

O desenvolvimento de sistemas e as noções interiores

*Marcus Hubert**

A flexibilidade como diferencial de sobrevivência

A era das ferramentas

O ser humano é fisicamente uma das mais frágeis espécies existentes. A sua "prole" é relativamente pequena, a mortalidade é alta, e uma criança, frágil como é, precisa de alimentação, calor, atenção e proteção durante vários anos, até atingir uma idade em que possa sobreviver de forma independente e autônoma. Enquanto, por exemplo, um bezerro recém-nascido caminha quase normalmente algumas horas depois do nascimento, conseguindo acompanhar o rebanho, e até fugir de seus possíveis predadores após alguns dias, uma criança dá seus primeiros passos depois de quase um ano e, efetivamente, anda com destreza muito tempo depois.

As estratégias evolutivas que a espécie humana procurou adotar para suprir essas suas deficiências extremas foram a flexibilidade, a adaptabilidade a cenários em mudança,

---

* Marcus Hubert é físico e profissional da área de informática.

ou seja, uma capacidade de reprogramação rápida de paradigmas até então inquestionáveis. Se não era possível quebrar uma noz, o homem buscava uma pedra para quebrá-la; quando um animal era muito maior e feroz, caçava em bandos com paus e lanças. A cada nova dificuldade, buscava novas alternativas até então não concebidas. As mudanças climáticas, muitas vezes velozes, trouxeram seus efeitos. À medida que a pele do homem perdia os pelos, as peles de outros animais abatidos o esquentavam, o que permitiu, por outro lado, buscar novo habitat com as mais diversas temperaturas. Acrescentou ferramentas e procedimentos novos a cada novo desafio. Vencendo seus próprios paradigmas permanentemente, o ser humano tornou-se um especialista em mudar e adaptar-se. Seletivamente, os mais flexíveis e criativos foram beneficiando-se ao longo de um milhão e meio de anos, ou mais, até se tornarem uma "máquina" de auto-aperfeiçoamento.

A crescente comunicação com seus semelhantes possibilitava-lhe a "troca de ideias" ou, por outra, o acréscimo de experiências de seus semelhantes a sua própria vivência. Criou ferramentas, dominou o fogo; primeiro, sem saber como criá-lo, mas manter uma chama acesa já lhe trazia benefícios enormes como o aquecimento, a luz nas noites escuras, a proteção e o cozimento de alimentos. Depois, aprendeu a gerar o fogo, virtualmente em qualquer lugar e com os mais diversos materiais. Acabou por diminuir o atrito em arrastar grandes objetos através do uso de troncos roliços e, mais tarde, da roda com eixos. Quando percebeu o potencial de manipular materiais: o barro, que se endurecia com o calor, os metais como o ferro e bronze, que se moldavam, foi possível "formatar" suas criações de acordo com as necessidades competitivas de sua evolução, criando vasilhas e panelas.

190

O ser humano estava viabilizando sua sobrevivência e expansão, apesar das fraquezas inerentes ao seu físico, através de seu poderosíssimo diferencial: seu cérebro, essa fabulosa "máquina de simulação da realidade", com capacidades como **lembrar** de experiências importantes; **imaginar** o que (ainda) não existe; **deduzir** o imperceptível pelo raciocínio; **associar** situações diferentes através de analogias; **reconhecer** padrões, abstraindo-os de situações apenas similares; **aprender** o que não experimentou pessoalmente, mas obteve pela comunicação. Observando nossas próprias mãos, com apenas um punhado de músculos, ossos e nervos, semelhantes aos de outros seres vivos, fazemos coisas tão diversas, como desenhar, escrever, segurar com precisão, acariciar, defender, comunicar, criar objetos. Fazemos cirurgias delicadas, pilotamos barcos, carros e aviões, montamos robôs precisos. Ainda assim, as mãos são apenas uma pequena extensão da imensa capacidade mental humana!

A era da automação

Quando, em meados do século XVIII, surgiu a Era Industrial, o homem pôde automatizar suas invenções. Em vez de lhe exigir forças próprias limitadas ou vivas alheias, como animais e escravos, criou máquinas multiplicativas com **energia sintética exterior**, que lhe possibilitava resultados mais eficientes, rápidos e padronizados. Após milênios de exploração de músculos, descobriu o vapor como fonte de energia para suprir o trabalho braçal; este acabou sendo sucedido pela eletricidade e pelo petróleo. O ritmo de desenvolvimento cresceu e, em vez de dezenas ou centenas de milhares de anos, apenas algumas décadas modificavam profundamente seus hábitos. A flexibilidade e adaptabilidade foram mais uma vez aceleradas; mais um grande salto evolutivo tinha surgido.

Telégrafos levavam mensagens a distâncias antes inimagináveis; locomotivas transportavam pessoas e cargas rapidamente entre diferentes pontos; telefones ligavam vozes distantes; lâmpadas iluminavam instantaneamente ruas e casas; automóveis agilizavam a vida das pessoas dentro e fora das cidades.

Entretanto, o homem ficava cada vez mais distante do mundo que o cercava na medida em que as suas máquinas tornavam-se mais complexas. Mesmo sem explicação para toca-discos, rádios, raios-X, aviões pesados cruzando o ar tênue com forças próprias, o homem comum conformou-se com o fato de que a tecnologia trazia consigo algo de distante, uma certa virtualidade, alguma coisa inexplicável que lhe trazia confortos antes não imagináveis, mas rapidamente insubstituíveis. O mundo ao seu redor começava a tornar-se intangível, inexplicável, mas prazeroso. Mal podia imaginar o prefeito de Paris, na virada do século XIX, que a sua frase: "Estes automóveis não passam de modismo. As pessoas jamais deixarão de andar em suas carruagens movidas a cavalos, muito mais elegantes e eficientes" entrariam para a história como uma das mais desatinadas previsões do futuro.

A era da informação

O domínio da tecnologia industrial e a constante busca do homem por seu conforto fizeram surgir a possibilidade de rever seu próprio processo de evolução e flexibilidade, transferindo para outras máquinas parte de seu poder de se adaptar. Não eram mais os músculos, as pernas ou os braços a serem potencializados, mas a própria mente, mesmo que de forma incipiente.

A escrita, a leitura, a comunicação, a criação, a imaginação, a memória e o raciocínio foram transferidos para novas máquinas que multiplicam com sucesso o grande diferencial humano.

Entretanto, ao contrário de nos trazerem mais tranquilidade por "pensarem" por nós, as novas máquinas desafiam-nos a acompanhar seu ritmo. Enquanto as mudanças no primeiro ciclo deram-se em um milhão e meio de anos, ou mais, o segundo ocorreu em duzentos anos. Este terceiro ciclo produz novidades semanais e diárias. A *Lei de Moore* estabelece que o poder computacional das máquinas dobrará a cada 18 meses. Já estão previstos desenvolvimentos na área de computação quântica, ou redes neurais, que derrubarão inclusive esta arrojada progressão geométrica!

Um dos preços cobrados do ser humano por este novo feito, este excesso de informações, certamente consiste no fato de o mundo tornar-se mais virtual, mais distante do chão de terra, antes arduamente arado para obter culturas mais intensivas, e agora uma imagem a ser vista através da mídia.

O mundo tornou-se, assim, muito **menos concreto**, muito mais dependente de fórmulas mágicas que resolvem os problemas mais complexos de forma automática. Aprendemos a decorar algoritmos, desde a soma até a raiz quadrada, da divisão à equação de segundo grau. Como se a soma não continuasse a ser uma noção de agregação, de conjuntos que se complementam, mas um algoritmo abstrato; como se a raiz quadrada não fosse mais a base de dois números que, multiplicados entre si nos levassem a um outro número que representa um quadrado.

Afinal, por que o nome **quadrado** para um número multiplicado por si mesmo?

O teorema de Pitágoras ilustra este conceito claramente e usa-o para fazer uma "demonstração visual":

$$A^2 + B^2 = C^2$$

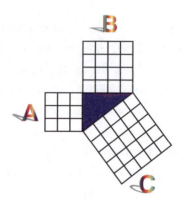

Fonte: criado pelo autor.

Pitágoras demonstrou, de forma gráfica, que isto é válido para qualquer triângulo retângulo, enquanto nós decoramos que, em triângulos retângulos: "A soma dos quadrados dos catetos é igual ao quadrado da hipotenusa".

Seria muito mais fácil perceber visualmente que os três quadrados, cujos lados são iguais aos lados do triângulo, são formados, respectivamente, por 3, 4 e 5 unidades que multiplicadas por si mesmas resultam 9, 16 e 25, ou seja:

$$3^2 + 4^2 = 5^2$$
$$9 + 16 = 25$$

Essa é uma demonstração gráfica, da maneira como os gregos antigos faziam, que permite visualizar a **realidade** por trás de uma equação.

O trabalho de desenvolvimento de sistemas de informação

No trabalho de programar um computador para "refletir a inteligência humana", nós precisamos transferir-lhe nossa capacidade de observar um problema complexo e real e transformá-lo em uma solução simples e abstrata. Isto significa compatibilizar duas realidades que se desconhecem, mas que, em muitos pontos, devem tocar-se mutuamente. Uma realidade é a do meio ambiente, com suas regras, lógicas, tempos e objetos. Outra é a da máquina que nada "sabe" sobre o que se quer dominar.

O trabalho de desenvolvimento de sistemas de informação exige a capacidade do profissional de, simultaneamente, entender a lógica do ambiente e seus contornos, assim como ter a destreza para reconhecer a natureza da informação nele contida, definindo claramente seus limites e suas inter-relações.

A cada fase da vida de um indivíduo, correspondem conhecimentos a serem aprendidos. Se este momento é perdido, outro ou talvez outros devem ser sacrificados para recuperar o aprendizado do que ficou para trás, quando isto ainda é possível. As noções básicas de funcionamento do mundo que nos rodeia, "maior ou menor do que", "diferente ou igual a, segundo algum critério, mas não segundo outro", "plenitude ou parcialidade", "semelhante ou análogo a, ou seja, que se parece com ou funciona como", "sempre, às vezes ou nunca", "todos, alguns ou nenhum", têm seu tempo certo de sedimentação na infância. Não são poucos os casos de adultos com dificuldades nessas identificações em suas nuanças, incapacitando-os, em menor ou maior grau, a tecer raciocínios analíticos sobre determinados temas, por lhes faltarem o embasamento de aprendizado nessa fase, em que se "percebem" ou "vivenciam" as mecânicas da lógica e criam-se raízes profundas, comprometendo seu modo de perceber com clareza.

O *desafio de automatizar o controle de um universo complexo*

Ao se pretender reproduzir a capacidade humana de controlar processos, potencializando seu esforço em substituir trabalhos mentais exaustivos, depara-se com um mundo normalmente sujeito a regras complexas, plenas de detalhes e exceções, informações subjetivas, julgamentos e decisões, embasadas em fatos muitas vezes interdependentes, que necessitam da confecção de um modelo de funcionamento análogo em todas as suas características.

O desafio consiste em criar um mecanismo que corresponda univocamente a quaisquer situações do mundo real, resultando em situações absolutamente equivalentes para que não haja distorções ou conclusões errôneas. Dada à complexidade habitual do objeto a ser modelado, este procedimento requer técnicas que, se o profissional envolvido eventualmente tiver lacunas em seu desenvolvimento mental básico, por mais sutis que sejam, estas podem comprometer completamente a estrutura do projeto.

Teoria dos Conjuntos

Uma das ideias mais originais, simples e completas de descrever os fenômenos que se pretende controlar por sistemas é a Teoria dos Conjuntos. Para entender melhor a sua importância, basta tomar uma das suas instâncias, o conjunto dos números naturais (0, 1, 2, 3...). Cada um dos elementos desse conjunto representa uma abstração simples de quantidade e serve para contar, comparar tamanhos, diferenças entre conjuntos diferentes, ordenar e assim por diante. A aplicabilidade dessas funções vai desde o vasto campo dos negócios à ciência e à cultura de maneira geral e atravessa milênios.

Dessa forma, a importância da Teoria dos Conjuntos aplicada à informática é vital, visto que os dados de que trata também são elementos (ou registros) de conjuntos (ou tabelas) uniformes. O profissional envolvido em projetos de informática deve, necessariamente, possuir mais do que intimidade com o assunto; deve ter a ideia de conjuntos claros e bem delineados como base para qualquer raciocínio ou criação que desenvolva.

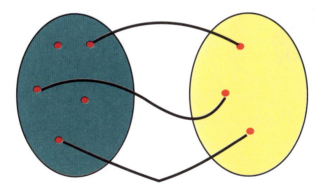

Fonte: criado pelo autor.

Conjuntos e as possíveis (e diversas) relações entre seus elementos

Criando modelos funcionais do mundo real

Ao se deparar com o desafio de reproduzir um modelo análogo de funcionamento a determinado segmento do conhecimento humano, o analista de sistemas deve criar visões que traduzam a estrutura original da realidade para uma linguagem que o computador entenda, de forma a obedecer às complexidades e sutilezas a que ela está sujeita. Ou seja, precisa partir do fenômeno real e criar um sistema em linguagem de computador com as características que precisam ser repetidas.

O que ele faz, então, é aproximar-se da solução em etapas sucessivas, partindo da observação inicial, conforme ilustrado no diagrama.

As visões da realidade

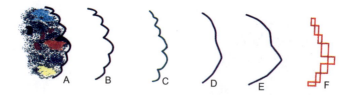

Fonte: criado pelo autor.

Nesta figura, vemos como de A para F a "realidade" vai sendo descrita de forma sucessiva até que possa ser "sistematizada" o suficiente para que um computador possa lidar com ela. É claro que há perdas de informação neste processo, o que é expresso pelos contornos: à medida que se tornam mais homogêneos, tornam-se também mais "pobres" de detalhes.

A seguir, temos os passos que um analista seguiria para desenvolver seu sistema.

a) A realidade

Qualquer cientista que procure desvendar os mistérios do universo percebe em suas análises que quanto mais se aprofunda, mais lhe surgem novas possibilidades de pesquisa, novos "desconhecimentos". E mesmo que conseguisse penetrar em seus mais íntimos recônditos, a realidade que pode perceber depende dos seus sentidos e de sua interpretação subjetiva; em princípio, isto implica a impossibilidade de capturar a realidade última. Então, é possível apenas descrevermos o que percebemos da realidade.

b) A percepção da realidade

O segundo nível de visualização da realidade consiste no que de mais próximo conseguimos chegar à sua descrição, que é a nossa percepção dela mesma. Isto se dá através de nossos sentidos e da criação mental e intuitiva de modelos explicativos equivalentes de funcionamento ou aparência. Para tanto, é fundamental que o profissional disponha de uma bagagem de vivência e experimentação, de intimidade com aquilo que está observando.

c) A sistematização da realidade (sempre, às vezes, nunca, todos, alguns, nenhum, exceções)

Nessa fase, procura-se identificar, no universo de informações, conjuntos e seus elementos, aquilo que se pode agrupar de forma homogênea ou não, tanto em dados como em processos. Para tanto, é necessário que o analista de sistemas possua bem claras as noções fundamentais de conjuntos, não de forma superficial, mas encarnadas em seu modo de raciocinar.

Por exemplo, suponhamos que estejamos criando um sistema agropecuário em que o cadastro de produtores, de clientes e de fornecedores deve ser controlado, mas que, de acordo com seu papel, a pessoa possa realizar operações bem distantes entre si. O analista deve perceber que essas pessoas têm em comum um conjunto de dados (nome, rua, bairro, cidade, estado, país, telefone, código de reconhecimento) suficientemente equivalentes para ser considerados como conjuntos separados, mas também que possuem dados muito diferentes entre si (registros de pessoa física ou jurídica). Então, a solução pode ser criar um cadastro de pessoas e marcar os papéis que cada uma desempenha. Por exemplo, podemos criar um conjunto de pessoas físicas e outro de pessoas jurídicas, e cada elemento do conjunto pessoa liga-se a um, e somente um, elemento de um desses dois conjuntos.

Isto fica estabelecido através do levantamento de dados, por meio de entrevistas com pessoas ligadas àquilo que se quer controlar, como seus futuros usuários ou especialistas na área, procurando-se descrever os processos e as necessidades de informações pertinentes. O analista deve ter em mente que o leigo com tratamento de informações muitas vezes responde às suas perguntas de forma qualitativa. Assim, é necessário que ele tenha a percepção de quando um fenômeno ocorre **sempre** (toda pessoa tem um nome), **às vezes** (algumas pessoas são produtores, outras não) ou **nunca** (a pessoa nunca tem duas datas de nascimento). Da mesma forma, deve se preocupar com as regras: se elas se aplicam temporalmente às condições como **sempre**, **às vezes** ou **nunca** (a data de nascimento sempre é no passado etc.).

d) A visão conceitual da realidade

Dessa forma, o analista estabelece o *modelo conceitual de dados*, que nada mais é do que a visualização gráfica dos conjuntos de dados percebidos como sendo conjuntos matemáticos. Passa-se a dispor de uma nova linguagem para descrever o que antes era apenas um enorme emaranhado de dados. Por exemplo, poderíamos descrever os dados acima da seguinte forma:

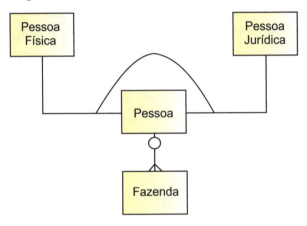

Fonte: criado pelo autor.

A nossa nova linguagem de conjuntos deve ser lida assim:

– Cada retângulo representa um **conjunto** de dados (pessoas, fazendas etc.).

– As linhas denotam o fato de que um conjunto **está ligado** ao outro (um elemento aponta para 0, 1 ou mais elementos do outro conjunto).

– O círculo abaixo do conjunto de pessoas mostra que a ligação com o conjunto Fazenda **pode ou não existir** (nem todas têm fazendas).

– O tridente acima de Fazenda representa que uma pessoa pode ter **uma ou mais** fazendas, isto é, um elemento do conjunto Pessoa pode estar ligado a nenhum, um ou mais elementos do conjunto Fazenda, enquanto uma fazenda só precisa estar no cadastro se houver uma pessoa que interessa ao sistema.

– Uma pessoa está ligada ao conjunto de dados de Pessoa Física ou Pessoa Jurídica, e a linha curva indica que a ligação é **mutuamente exclusiva**, isto é, ou uma ligação ou a outra deve existir, mas não ambas simultaneamente.

Para criar um modelo conceitual como este, que obviamente se refere a um caso muito simples, mas que se pode tornar mais e mais complexo à medida que aumentam os dados que precisam ser controlados, é fácil notar a necessidade de conhecimentos **concretos** de conjuntos, elementos, similaridade, intuição e raciocínio. Um simples engano nesta fase pode comprometer profundamente todo o projeto do sistema.

e) A visão operacional da realidade

O objetivo de se construir um modelo conceitual daquilo que se quer controlar é a construção de bancos de dados eficientes, econômicos e suficientemente completos para abranger todas as necessidades.

Entretanto, para que se possa armazenar e buscar os registros em um banco de dados, é preciso construir o que se chama *modelo operacional*, que é uma forma aproximada do modelo conceitual, mas que leva em conta os caminhos que devem ser seguidos para se obterem os dados de que se precisa.

Deve-se criar os caminhos ou atalhos para se chegar aos registros no computador; para tanto, se estabelecem índices, tal como em um livro que aponta, através de palavras-chave, diretamente à página procurada.

Por outro lado, podem ser construídos conjuntos auxiliares para se obterem atalhos eficientes. Dessa forma, o analista de sistemas deve ter a percepção de como os dados podem ser buscados no futuro, como, por exemplo, buscar uma pessoa pelo seu código, ou pelo nome ou pelo seu registro de pessoa física ou jurídica. Isto requer uma intuição profunda quanto às necessidades futuras dos usuários e muita imaginação.

f) O sistema

Observe que, até aqui, o trabalho poderia ser feito apenas com lápis e papel, apenas tentando descrever em conjuntos a realidade observada. Agora, chega o momento de transformar tudo aquilo que se captou do problema; transformá-lo em algo que o computador possa de fato usar. É a fase da codificação do sistema em que o profissional de informática transforma o modelo operacional em uma linguagem de computador, permitindo que ele possa gerenciar as informações previamente definidas nos conjuntos de dados.

Nesta fase, são exigidas características do profissional como raciocínio lógico, criatividade, atenção concentrada, exatidão, memória, aptidão matemática, praticidade, intuição e estética.

Ele deve se ater ao que é essencial, sempre se preocupando em seguir à risca a ideia de conjuntos, sem permitir que elementos de outros conjuntos se entrelacem erroneamente, o que compromete qualquer projeto de informática.

Podemos dizer que o trabalho com informática, considerando-se seu grau de alcance e sua proposta de ser uma extensão de nossas habilidades mentais, exige qualidades tão distintas entre si como síntese e análise, raciocínio e arte, matemática e desenho, apego restrito a regras e criatividade. Também são fundamentais a clareza de ideias e, acima de tudo, uma intimidade com a experimentação do mundo em geral, com percepções concretas de causa e efeito, pertinência e conteúdo, praticidade e arte. São necessários bom senso, curiosidade, coragem de inovar e sensibilidade.

Não são poucas as pessoas que se dedicam a este desafio através de formações superiores e pós-graduações e que, apesar de ótimos conhecimentos técnicos, esbarram em suas dificuldades básicas, lacunas de conhecimento essenciais à sua profissão e que deveriam ter sido preenchidas na sua primeira infância.

Referências

ARISTÓTELES (384-322 a.C.). *Tópicos* – Dos argumentos sofísticos. 2. ed. São Paulo: Abril, 1973 [Coleção Os Pensadores].

BASTOS, C.L. & KELLER, V. *Aprendendo lógica.* 8. ed. Petrópolis: Vozes, 2000.

DIENES, Z.P. & GOLDING, E.W. *Lógica e jogos lógicos.* 3. ed. rev. São Paulo: EPU, 1976.

FREINET, E. *Nascimento de uma pedagogia popular.* Lisboa: Estampa, 1978.

KOTHE, S. *Pensar é divertido.* 7. reimpr. São Paulo: EPU, 1977.

MONDOLFO, R. O *pensamento antigo* – História da filosofia greco-romana. 2. ed. São Paulo: Mestre-Jou, 1966.

PIAGET, J. O *nascimento da inteligência na criança.* 2. ed. Rio de Janeiro: Zahar, 1974.

_____. *Seis estudos de psicologia.* 4. reimpr. Rio de Janeiro: Forense, 1971.

_____. *A representação do mundo na criança.* Rio de Janeiro: Record, c1926.

PIAGET, J. & INHELDER, B. *A psicologia da criança.* 10. ed. Rio de Janeiro: Record, 1989.

_____. *A origem da ideia do acaso na criança*. Rio de Janeiro: Record, 1951.

PIAGET, J. & SZEMINSKA, A. *A gênese do número na criança*. 3. ed. Rio de Janeiro: Zahar, 1981.

RICHMOND, P.G. *Piaget* – Teoria e prática. 2. ed. São Paulo: Ibrasa, 1981.

SPITZ, R.A. *O primeiro ano de vida*. São Paulo: Martins Fontes, 1979.

TOYNBEE, A.J. *Estudos de história contemporânea* – A civilização posta à prova: o mundo e o Ocidente. 3. ed. São Paulo: Nacional, 1967.

VYGOTSKY, L.S. *A formação social da mente*. São Paulo: Martins Fontes, 1987a.

Obras consultadas

BEARD, R.M. *Como a criança pensa* – A psicologia de Piaget e suas aplicações educacionais. 5. ed. São Paulo: Ibrasa, 1978.

CARRAHER, T.N. O *método clínico*: usando os exames de Piaget. São Paulo: Cortez, 1989.

DOLLE, J. *Para compreender Piaget*. 2. ed. Rio de Janeiro: Zahar, 1978.

LUZ, J.L.B. da. *Jean Piaget e o sujeito do conhecimento*. Lisboa: Instituto Piaget, 1994.

MOYSÉS, L. *Aplicações de Vygotsky à educação matemática*. Campinas: Papirus, 1997.

SEBER, M. da G. *Construção da inteligência pela criança*: atividades de período pré-operatório. 2. ed. São Paulo: Scipione, 1991.

VYGOTSKY, L.S. *Pensamento e linguagem*. São Paulo: Martins Fontes, 1987b.

Anexos

Anexo 1

Anexo 2

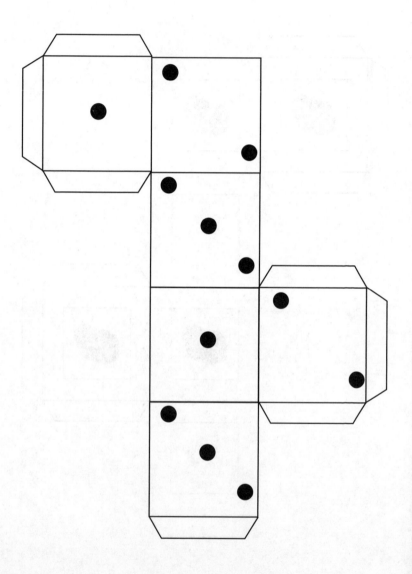

Anexo 3

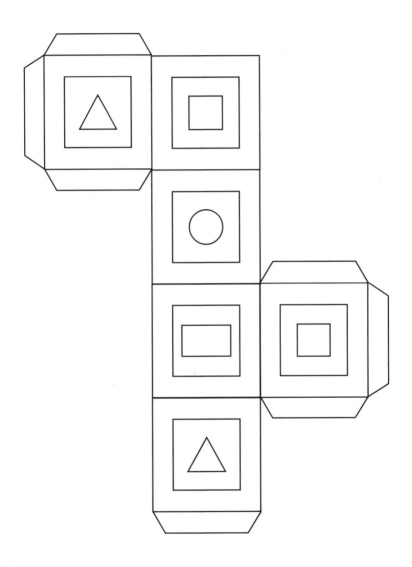

Anexo 4

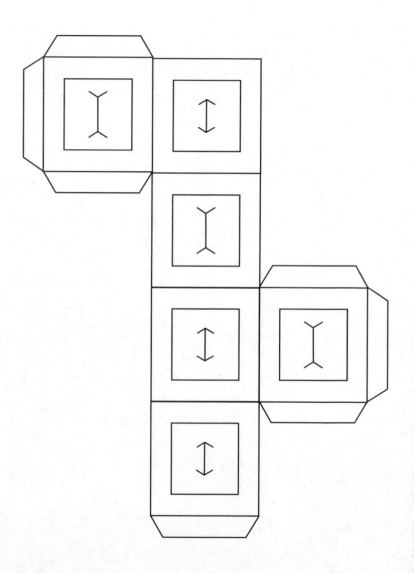

214

Anexo 5

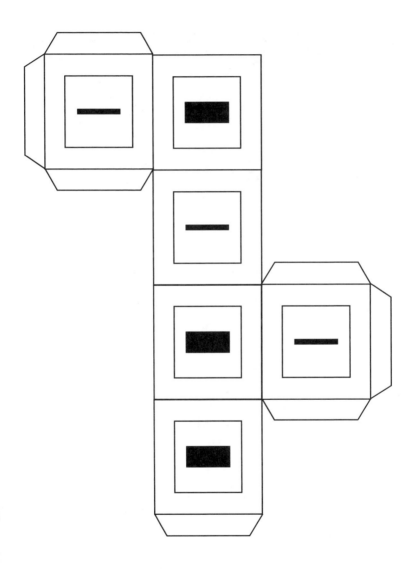

215

CULTURAL

Administração
Antropologia
Biografias
Comunicação
Dinâmicas e Jogos
Ecologia e Meio Ambiente
Educação e Pedagogia
Filosofia
História
Letras e Literatura
Obras de referência
Política
Psicologia
Saúde e Nutrição
Serviço Social e Trabalho
Sociologia

CATEQUÉTICO PASTORAL

Catequese
  Geral
  Crisma
  Primeira Eucaristia

Pastoral
  Geral
  Sacramental
  Familiar
  Social
  Ensino Religioso Escolar

TEOLÓGICO ESPIRITUAL

Biografias
Devocionários
Espiritualidade e Mística
Espiritualidade Mariana
Franciscanismo
Autoconhecimento
Liturgia
Obras de referência
Sagrada Escritura e Livros Apócrifos

Teologia
  Bíblica
  Histórica
  Prática
  Sistemática

VOZES NOBILIS

Uma linha editorial especial, com importantes autores, alto valor agregado e qualidade superior.

REVISTAS

Concilium
Estudos Bíblicos
Grande Sinal
REB (Revista Eclesiástica Brasileira)

VOZES DE BOLSO

Obras clássicas de Ciências Humanas em formato de bolso.

PRODUTOS SAZONAIS

Folhinha do Sagrado Coração de Jesus
Calendário de mesa do Sagrado Coração de Jesus
Agenda do Sagrado Coração de Jesus
Almanaque Santo Antônio
Agendinha
Diário Vozes
Meditações para o dia a dia
Encontro diário com Deus
Guia Litúrgico

CADASTRE-SE
www.vozes.com.br

EDITORA VOZES LTDA.
Rua Frei Luís, 100 – Centro – Cep 25689-900 – Petrópolis, RJ
Tel.: (24) 2233-9000 – Fax: (24) 2231-4676 – E-mail: vendas@vozes.com.br

UNIDADES NO BRASIL: Belo Horizonte, MG – Brasília, DF – Campinas, SP – Cuiabá, MT
Curitiba, PR – Fortaleza, CE – Goiânia, GO – Juiz de Fora, MG
Manaus, AM – Petrópolis, RJ – Porto Alegre, RS – Recife, PE – Rio de Janeiro, RJ
Salvador, BA – São Paulo, SP